Bassermann Handbuch
Häkeln

Heidi Fuchs
Maria Natter

Bassermann Handbuch
Häkeln

Für die Bereitstellung von Modellen, Fotos, Garnen, Nadeln und Zubehör danken wir folgenden Firmen: Ackermann-Göggingen, Austermann-Wolle, Hübner-Wolle, INOX-Handarbeitshilfe, Isar-Wolle, Kraemer-Wolle, MEZ.

ISBN 3 8094 0235 4

© 1995/1997 Genehmigte Ausgabe für Bassermann'sche Verlagsbuchhandlung, 65527 Niedernhausen/Ts.
© der Originalausgabe by
FALKEN Verlag
Die Verwertung der Texte und Bilder, auch auszugsweise, ist ohne Zustimmung des Verlags urheberrechtswidrig und strafbar. Dies gilt auch für Vervielfältigungen, Übersetzungen, Mikroverfilmung und für die Verarbeitung mit elektronischen Systemen.

Umschlaggestaltung: Peter Udo Pinzer
Fotos: Photo-Design-Studio Gerhard Burock, Wiesbaden-Naurod
Zeichnungen: Claudia Brödhoff, Augsburg; Mayer & Mühl, Flörsheim; Daniela Schneider, Frankfurt/M.; Z. Thiel, Augsburg; Vorarlberger Grafik, Hard; Corinna Voitl, Augsburg

Die Ratschläge in diesem Buch sind von Autorinnen und Verlag sorgfältig erwogen und geprüft, dennoch kann eine Garantie nicht übernommen werden. Eine Haftung der Autorinnen bzw. des Verlags und seiner Beauftragten für Personen-, Sach- und Vermögensschäden ist ausgeschlossen.

Satz: LibroSatz, Kriftel bei Frankfurt
Gesamtkonzeption: Bassermann'sche Verlagsbuchhandlung, D-65527 Niedernhausen/Ts.

1902419486X7 2635 4453 62

1 Wollhäkelnadeln aus Kunststoff
2 Wollhäkelnadeln mit Plastikgriff
3 Wollhäkelnadeln aus Aluminium
4 vernickelte Wollhäkelnadeln
5 vernickelte Garnhäkelnadeln
6 Garnhäkelnadeln mit Schutzhülle
7 tunesische Häkelnadeln
8 flexible tunesische Häkelnadeln
9 vernickelte Netzgabeln
10 verstellbare Netzgabel

Symbolschrift

Grundmaschen

- ⬯ Luftmasche
- ▼ Kettmasche
- ▽ feste Masche
- ↑ halbes Stäbchen
- ↑ Stäbchen
- ↑ Doppelstäbchen
- ↑ dreifaches Stäbchen
- ↑ Reliefstäbchen, vor der Arbeit liegend
- ↑ Reliefstäbchen, hinter der Arbeit liegend
- ↑ Relief-Büschelstäbchen
- ↑ Büschelmasche
- ⋈ Kreuzstäbchen

2 Umschläge
1. 2. 3. 4. 5. 6. 7.

- ⋈ Kreuzstäbchen aus Doppelstäbchen

4 Umschläge
1. 2. 3. 4. 5. 6. 7.

- ● blauer Punkt = Maschen einhängen, nicht einstechen
- ▼ rote Kettmasche = Runde schließen
- ○ Fadenring
- ⬭ Zwischenabmaschglied

Mustergruppen

- Ⅺ Grätenstich
- Ⅺ einfacher Sternstich
- Ⅺ Sternstich
- Ⅺ Fächerstich

Mehrere Stäbchen in 1 Masche

1. 2. 3.
1. 2. 3.
1. 2. 3. 4.
1. 2. 3.

Zusammen abgemaschte Stäbchen

1. 2. 3.
1. 2. 3.
1. 2. 3. 4.
1. 2. 3. 4.
1. 2. 3.
1. 2. 3.
1. 2. 3. 4.
1. 2. 3. 4.
1. 2. 3. 4.
1. 2. 3. 4.
1. 2. 3. 4.
5. 6.

Gabelstäbchen

Gabelstäbchen können nach oben oder unten gerichtet sein. Neben den gezeigten Beispielen gibt es noch viele Kombinationen, die Zeichen werden aber immer nach dem gleichen Schema gelesen. Die Anzahl der Querstriche gibt die Höhe der Stäbchen an und aus der Lage der senkrechten Linien wird deutlich, über welchem Abmaschglied die Gabelung erfolgt.

Gabelstäbchen nach oben gerichtet

6

Gabelstäbchen nach unten gerichtet

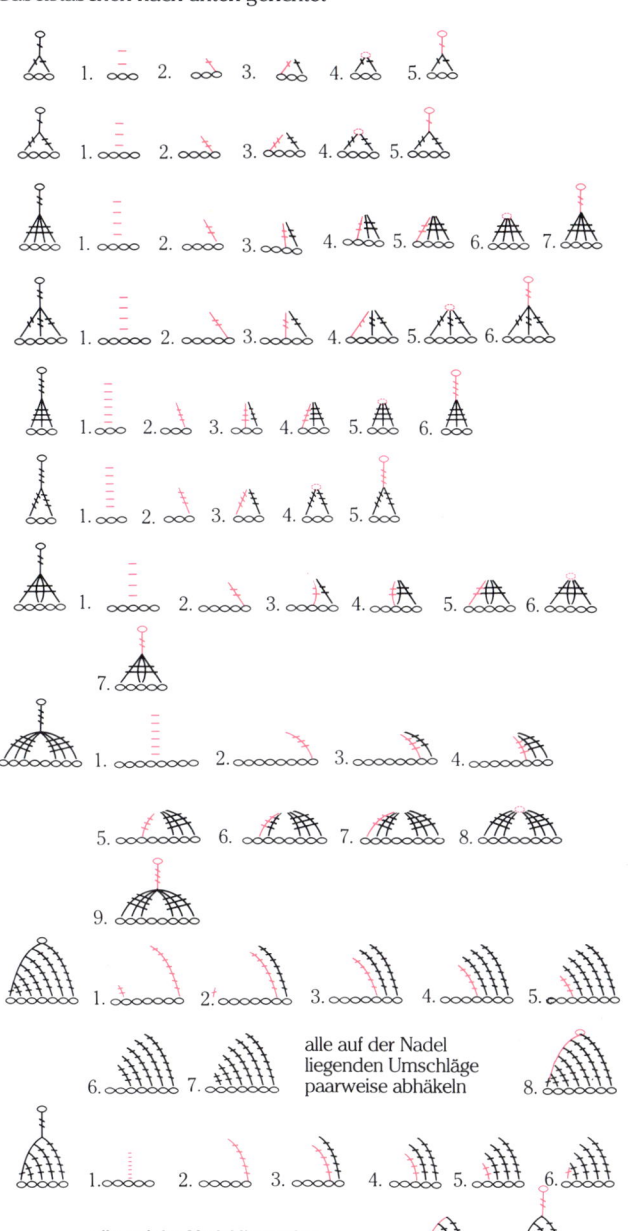

alle auf der Nadel liegenden Umschläge paarweise abhäkeln

alle auf der Nadel liegenden Umschläge paarweise abmaschen

Verstärkte Mehrfachstäbchen

Blattformen

Haltung der Häkelnadel. Die Häkelnadel kann wie ein Bleistift oder wie eine Stricknadel gehalten werden. Man wählt jene Art, die einem persönlich als die einfachere und leichtere erscheint.

Haltung der Häkelarbeit

Der Beginn

1 Den Faden zwischen Klein- und Ringfinger der linken Hand einführen, über den Ringfinger nach hinten legen...

2 ...und von hinten nach vorne zweimal um den Zeigefinger wickeln.

3 Den Faden als Kreuzschlinge um den Daumen legen und zwischen Mittel- und Ringfinger festhalten.

4 Die Häkelnadel in die Kreuzschlinge einführen...

5 ...den Faden vom Zeigefinger holen...

6 ...durchziehen und die Schlinge anziehen.

1 Den Faden von hinten nach vorne um die Nadel legen.

2 So entsteht der erste Umschlag.

3 Diesen Umschlag durch die Kreuzschlinge ziehen – es ergibt die erste Luftmasche.

Luftmaschenreihen

gleichmäßig

zu locker

zu fest

ungleichmäßig

Die Luftmaschenreihe bildet den Anfang aller Häkelarbeiten.
Das Einstechen in die Reihe erfolgt so, daß auf der Häkelnadel zwei Glieder der Luftmasche liegen und ein Glied unter der Häkelnadel liegt.
In den folgenden Zeichnungen ist die Luftmaschenkette vereinfacht mit zwei Maschengliedern dargestellt.

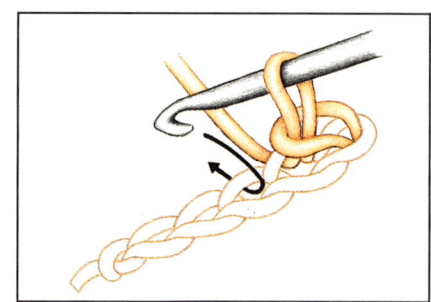

1 In die zweite Luftmasche von der Nadel aus einstechen…

2 …den Faden umschlagen und durch das Maschenglied sowie die auf der Nadel liegende Schlinge ziehen.

3 In die nächste Luftmasche einstechen.

1. Reihe. Am Reihenende eine Luftmasche zum Wenden häkeln.

2. Reihe. Am Reihenende eine Luftmasche zum Wenden häkeln.

3. Reihe. Am Reihenende eine Luftmasche zum Wenden häkeln.

Verwendung der Kettmasche

Die Kettmasche wird als Abschluß einer Häkelei, zum Versäubern und Festigen von Rändern und Blenden benutzt oder bei der Rundhäkelei zum Anschließen der letzten Masche einer Runde. Die Kettmasche eignet sich auch gut zum Verbinden zweier Häkel- oder Strickteile, da sie die niedrigste Häkelmasche ist.

Man kann mit der Kettmasche auch Flächen häkeln:

Jeweils in das vordere Maschenglied einstechen.

Jeweils in das hintere Maschenglied einstechen (Bosnischer Stich).

Die feste Masche ♀

1 In die zweite Luftmasche von der Nadel aus einstechen, den Faden umschlagen und durchziehen.

2 Den Faden erneut umschlagen und durch die zwei auf der Häkelnadel liegenden Schlingen ziehen.

3 In die nächste Luftmasche einstechen.

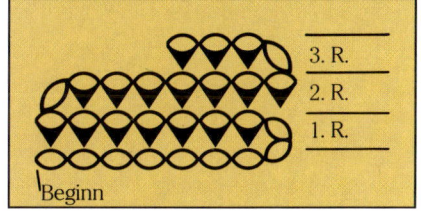

1. Reihe. Am Reihenende eine Luftmasche zum Wenden häkeln.

Den Abschluß der festen Maschenreihen kann man mit Rechtsmaschen vergleichen.
Je nach der gewünschten Art des Häkelmusters werden: beide Glieder der festen Masche aufgefaßt, nur das hintere Maschenglied in den Hin- und

2. Reihe. Am Reihenende eine Luftmasche zum Wenden häkeln.

Rückreihen, auf beiden Seiten nur das hintere oder das vordere Glied. Diese Variationen des Einstechens ergeben stets ein anderes Musterbild (siehe nächste Seite) und können auch bei den Stäbchen angewendet werden.

3. Reihe. Am Reihenende eine Luftmasche zum Wenden häkeln.

11

Verschiedene Häkelstiche mit festen Maschen in hin- und hergehenden Reihen

In beide Maschenglieder einstechen (Rosenstich).

In das vordere Maschenglied einstechen (Vorderstich).

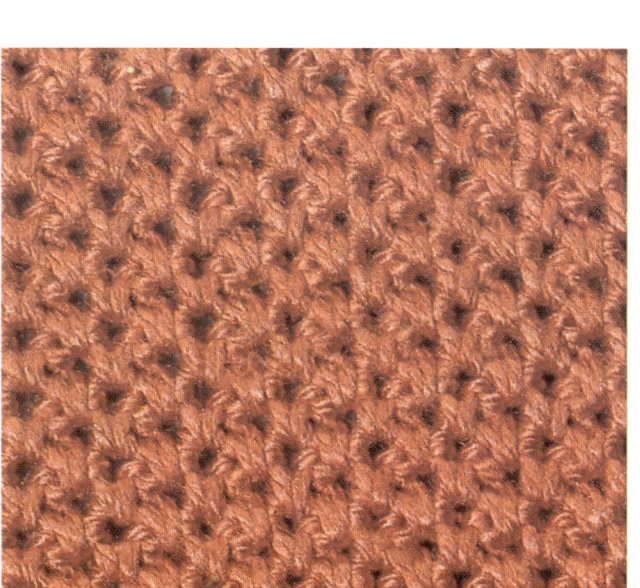

Jede zweite feste Masche eine Reihe tiefer einstechen.

In das hintere Maschenglied einstechen (Gerippter Häkelstich).

Verschiedene Häkelstiche mit festen Maschen in Runden (schlauchförmig)

In beide Maschenglieder einstechen (Gretchenstich).

In das hintere Maschenglied einstechen.

Von hinten um den Steg zwischen zwei Maschen stecken (Flechtstich).

In die Mitte des Steges, zwischen den zwei senkrechten Fäden einstechen (Einfacher Strickstich).

1 Den Faden zur Schlinge legen, die Häkelnadel einführen, den Faden umschlagen und durchziehen, jedoch nicht zur Masche festziehen.

2 Den Kreuzungspunkt mit Mittelfinger und Daumen halten, den Faden nochmals umschlagen und durch die erhaltene Schlinge ziehen. Den Fadenanfang nach rechts legen.

3 Jetzt in den Fadenring die gewünschte Anzahl feste Maschen häkeln, am Fadenanfang ziehen und somit die Fadenschlinge mit den festen Maschen zusammenziehen.

Der Luftmaschenring

Eine Luftmaschenkette in der gewünschten Länge arbeiten und mit einer Kettmasche in die erste Luftmasche zum Ring schließen. In diesen Ring häkelt man die gewünschten Maschen.

Formen aus festen Maschen

Quadrat aus der Ecke gehäkelt

1. R.   3. R.   4. R.

Quadrat aus der Mitte gehäkelt

1. Rd.   2. Rd.   3. Rd.

Sechseck

1. Rd.   2. Rd.   3. Rd.

Achteck

1. Rd.   2. Rd.   3. Rd.

Kreis

1. Rd.   2. Rd.   3. Rd.

Oval

1. Rd.   2. Rd.   3. Rd.

Matchsack

Bodendurchmesser 23 cm,
Höhe 36 cm.

Material
Mercerisiertes Baumwollgarn,
Lauflänge 50 g = 134 m,
Farben Weiß und Rot – je 150 g,
Grün, Gelb und Blau – je 100 g;
Häkelnadel Nr. 3.

Farbfolge
Boden rot,
7 Reihen weiß,
19 Reihen rot,
7 Reihen weiß,
19 Reihen blau,
7 Reihen weiß,
19 Reihen gelb,
7 Reihen weiß,
19 Reihen grün,
Abschluß weiß.

Maschenprobe
28 Maschen und 30 Reihen =
10x10 cm.

Anleitung
Aus festen Maschen den Boden häkeln.
Nach der Farbfolge ohne Zunahmen
gerade hocharbeiten.

Abschluß
1. Runde: feste Maschen.
2. Runde: *2 Dreifachstäbchen in einer
Masche zusammen abgemascht, 2 Luftmaschen, 2 Maschen übergehen*.
3. Runde: feste Maschen.

Aus 12 Fäden eine 1 m lange Kordel
drehen und durch die vorletzte Reihe
des Beutels ziehen.

Eierwärmer

Material
Topflappengarn,
Lauflänge etwa 50 g = 135 m;
Häkelnadel Nr. 3,
2 mm starken Schaumstoff (Rest).

Materialverbrauch
Farbe Gelb und Blau – je 50 g.

Farbfolge
für den gelben Eierwärmer
1.–11. Runde gelb,
12.+13. Runde blau,
14.+15. Runde gelb,
16.+17. Runde blau,
den Henkel blau.

Für den blauen Eierwärmer die Farben austauschen.

Anleitung
6 Luftmaschen mit einer Kettmasche zum Ring schließen.
1. Runde: Um den Ring 6 feste Maschen häkeln.
2. Runde: *3 feste Maschen in eine Masche, 1 feste Masche in die nächste Masche*.
3. Runde: *3 feste Maschen, 3 feste Maschen in die nächste Masche*.
4. Runde: *1 feste Masche, 3 feste Maschen in die nächste Masche. 4 feste Maschen*.
5. Runde: *6 feste Maschen, 3 feste Maschen in die nächste Masche, 1 feste Masche*.
Ohne Zunahmen in der Farbfolge bis zur 17. Runde häkeln.
Henkel
10 Luftmaschen mit einer Kettmasche zum Ring schließen und mit 32 festen Maschen umhäkeln.

Ausarbeitung
Die Wärmer mit dem Schaumstoff füttern und die Henkel festnähen.

Das halbe Stäbchen 🧷

1 Nach dem Anschlag (Luftmaschen-kette) den Faden umschlagen, in die dritte Luftmasche von der Nadel aus einstechen, den Faden nochmals um-schlagen und durch das Luftmaschen-glied ziehen.

2 Den Faden nochmals umschlagen und durch die drei auf der Nadel liegenden Maschenglieder ziehen.

3 Den Faden umschlagen und in die nächste Luftmasche einstechen. Arbeitet man eine Fläche aus halben Stäbchen, so wird normalerweise in die beiden oberen Maschenglieder ein-gestochen.

1. Reihe. Am Ende zwei Wende-maschen.

2. Reihe. Am Ende zwei Wende-maschen.

3. Reihe. Am Ende zwei Wende-maschen.

In das hintere Maschenglied einstechen.

1 Reihe in das hintere Glied einstechen.
1 Reihe in das vordere Glied einstechen. Vorderseite

Rückseite

Das einfache Stäbchen

1 Nach dem Anschlag den Faden umschlagen, in die vierte Luftmasche von der Nadel aus einstechen, den Faden durchziehen, nochmals umschlagen und durch die ersten beiden Maschenglieder ziehen.

2 Jetzt sind noch zwei Maschenglieder auf der Nadel. Den Faden nochmals umschlagen und durch diese restlichen Maschenglieder ziehen.

3 Den Faden umschlagen und in die nächste Luftmasche einstechen. Ab der zweiten Reihe wird immer in beide Maschenglieder eingestochen.

1. Reihe. Am Ende zwei Wendemaschen.

2. Reihe. Am Ende zwei Wendemaschen.

3. Reihe. Am Ende zwei Wendemaschen.

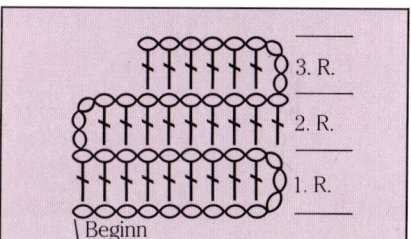

In das hintere Maschenglied einstechen.

Zwischen den Stäbchen der Vorreihe einstechen.

Für das erste Stäbchen zwischen das zweite und dritte Stäbchen der Vorreihe einstechen und dann zwischen das erste und zweite Stäbchen der Vorreihe.

19

In unserem Beispiel werden drei Stäbchen in die gleiche Einstichstelle gearbeitet, aber jedesmal nur bis zur vorletzten Schlinge gehäkelt: umschlagen, in die fünfte Luftmasche von der Nadel aus einstechen, den Faden auffassen und durchziehen, nochmals umschlagen und diesen Umschlag durch zwei Schlingen ziehen. Diesen Vorgang noch zweimal wiederholen. Mit einem Umschlag alle vier Schlingen von der Nadel abmaschen, mit einer Luftmasche enden.

Die Büschelmasche

Den Faden umschlagen, in die fünfte Luftmasche von der Nadel aus einstecken, umschlagen, den Faden durchziehen und die Schlinge in Stäbchenhöhe ziehen. Diesen Vorgang zweimal wiederholen, es sind jetzt sieben Schlingen auf der Nadel. Den Faden umschlagen und durch sechs Schlingen ziehen. Den Faden nochmals umschlagen und die beiden letzten Schlingen zusammen abmaschen. Eine Luftmasche häkeln, eine Masche der Vorreihe übergehen.

1 Für das doppelte Stäbchen werden zum Wenden am Anfang einer Reihe vier Luftmaschen benötigt. Nach dem Anschlag den Faden zweimal umschlagen, in die fünfte Luftmasche von der Nadel aus einstechen, den Faden holen und durchziehen. Es sind jetzt vier Schlingen auf der Häkelnadel. Den Faden umschlagen und durch die ersten zwei Schlingen ziehen.

2 Den Faden nochmals umschlagen und durch die nächsten zwei Schlingen ziehen. Wieder den Faden umschlagen und durch die letzten zwei Schlingen ziehen. Wieder den Faden umschlagen und durch die letzten zwei Schlingen ziehen. Es befindet sich wieder eine Masche auf der Nadel.

Doppelte und mehrfache Stäbchen entwickeln sich aus dem einfachen Stäbchen. Die Zahl der Umschläge bestimmt die Höhe des Stäbchens. Es werden immer zwei Schlingen zusammen abgemascht, bis am Ende eine Schlinge auf der Nadel übrigbleibt. Mehrfache Stäbchen werden hauptsächlich beim Zunehmen und für durchbrochene Muster gehäkelt.

Das Kreuzstäbchen

1 Für das Kreuzstäbchen werden zum Wenden am Anfang einer Reihe vier Luftmaschen benötigt. Den Faden zweimal umschlagen, in die fünfte Luftmasche von der Nadel aus einstechen (A), den Faden holen und durchziehen, den Faden umschlagen und durch zwei Schlingen ziehen. Die drei Maschenglieder auf der Häkelnadel liegenlassen, den Faden umschlagen, eine Anschlagluftmasche überspringen, in die nächste Masche einstechen (B) und den Faden durchholen.

2 Den Faden umschlagen und durch zwei Schlingen ziehen (1). Noch einmal umschlagen und durch zwei Schlingen ziehen (2). Es liegen jetzt drei Schlingen auf der Nadel.

3 Den Faden umschlagen und wieder durch zwei Schlingen ziehen (1). Noch einmal umschlagen und durch zwei Schlingen ziehen (2). Es liegt nun ein Maschenglied auf der Nadel.

4 Eine Luftmasche häkeln, den Faden umschlagen und unter den zwei obenliegenden Maschengliedern des Kreuzungspunktes der bisher gearbeiteten Stäbchen einstechen und den Faden durchziehen, den Faden umschlagen und durch zwei Schlingen ziehen. Noch einmal umschlagen und den Faden durch die zwei letzten Schlingen ziehen. Für das nächste Kreuzstäbchen den Faden zweimal umschlagen und in die nächste Anschlagluftmasche einstechen.

Das vor der Arbeit liegende Reliefstäbchen

Die erste Reihe wird aus einfachen Stäbchen gebildet. Drei Luftmaschen häkeln und die Arbeit wenden. Den Faden umschlagen, mit der Häkelnadel vor der Arbeit unter dem zweiten Stäbchen der Vorreihe durchstechen, dabei liegt das Stäbchen über der Häkelnadel. Den Faden umschlagen, durchziehen und das Stäbchen normal beenden. Dieses Reliefstäbchen gleicht auf der Rückseite dem Reliefstäbchen, das von hinten gearbeitet wird (siehe nächste Seite).

Werden in den Hin- und Rückreihen nur vor der Arbeit liegende Reliefstäbchen gearbeitet, ergibt sich dieses Muster, dessen Vorder- und Rückseite gleich ist.

Die Symbolschrift zeigt die Maschen, wie sie gearbeitet werden, nicht, wie sie auf der rechten Seite erscheinen!

Das hinter der Arbeit liegende Reliefstäbchen

Die erste Reihe wird aus einfachen Stäbchen gebildet. Drei Luftmaschen häkeln und die Arbeit wenden. Den Faden umschlagen, mit der Häkelnadel hinter der Arbeit in Pfeilrichtung um das zweite Stäbchen der Vorreihe herumstechen. Den Faden nochmals umschlagen und durchziehen. Das Stäbchen normal beenden. Dieses Reliefstäbchen gleicht auf der Rückseite dem Reliefstäbchen, das von vorne gearbeitet wird.

Werden abwechselnd eine Reihe Reliefstäbchen vor der Arbeit liegend und eine Reihe Reliefstäbchen hinter der Arbeit liegend gehäkelt, ergibt sich ein Muster, dessen Vorderseite gerippt (Foto links) und dessen Rückseite glatt ist (Foto rechts).

Die Symbolschrift zeigt die Maschen, wie sie gearbeitet werden, nicht, wie sie auf der rechten Seite erscheinen!

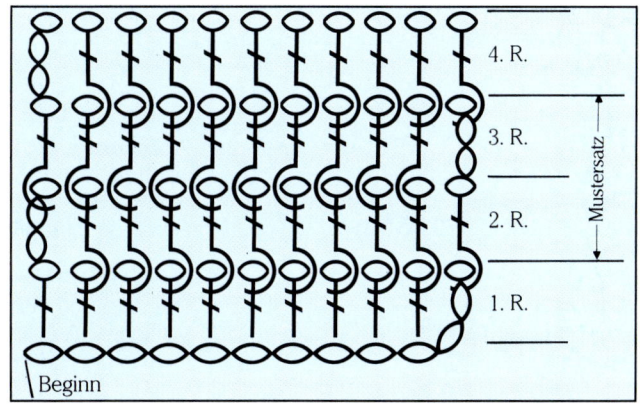

Jacke und Top
Größe 38/40

Material
Mercerisiertes Baumwollgarn,
Lauflänge etwa 50 g = 265 m;
Häkelnadel Nr. 2.

Materialverbrauch
750 g

Jacke

Maschenprobe
48 Maschen und 14 Reihen =
10 x 10 cm

Anschlag
Rückenteil 229 Luftmaschen.

Anschlag
Vorderteil 115 Luftmaschen.

Anschlag
Ärmel 97 Luftmaschen.

Anleitung
Alle Teile nach Schnitt und Symbolzeichnung häkeln, von links leicht
spannen und dämpfen. Alle Nähte
schließen und die Ärmel 4,5 cm breit
umschlagen.
Den Halsausschnitt umhäkeln mit
1 Doppelstäbchen, 1 Luftmasche.
Eine 100 cm lange Kordel drehen und
durchziehen. Alle anderen Kanten umhäkeln mit *1 feste Masche, 1 Luftmasche*.

Top

Maschenprobe
40 Maschen und 22 Reihen =
10 x 10 cm

Anschlag
Vorder- und Rückenteil je 177 Luftmaschen.

Anleitung
Nach Schnitt und Symbolzeichnung
häkeln.
Ab 32 cm Höhe die Abschlußborte
arbeiten.
Die fertigen Teile nach Schnitt leicht
spannen und dämpfen, die Nähte
schließen. Aus festen Maschen 30 cm
lange Träger arbeiten und festnähen.

3. R.

2. R.

1. R.

Mustersatz

Beginn

Muster-
satz

4. R.

3. R.

2. R.

1. R.

Abschlußborte

2. R.

1. R.

Mustersatz

Beginn

Muster-
satz

45   12   2   8   2   23   9,5

20

8   10

30

40

34

48   44

4

30

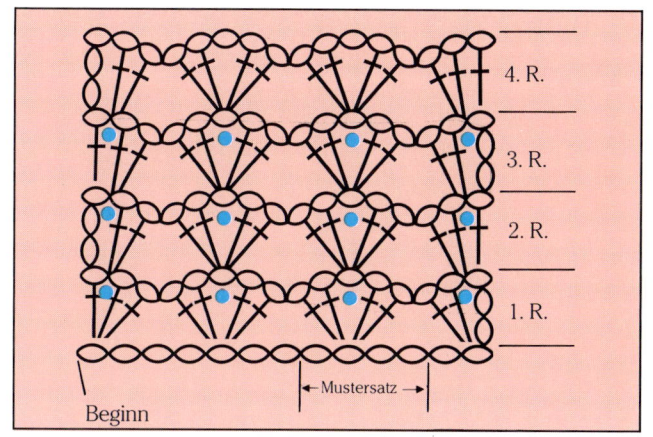

4. R.

3. R.

2. R.

1. R.

Beginn ←— Mustersatz —→

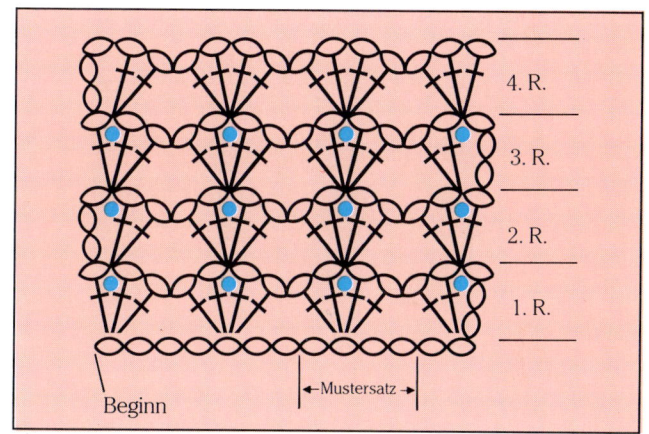

4. R.

3. R.

2. R.

1. R.

Beginn ←— Mustersatz —→

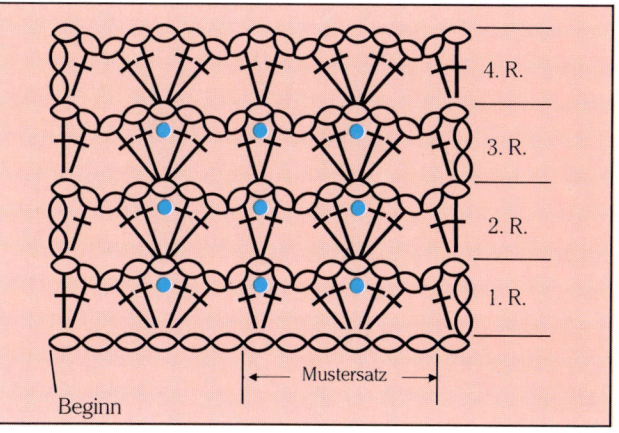

4. R.

3. R.

2. R.

1. R.

Beginn ←— Mustersatz —→

37

Fantasiemuster

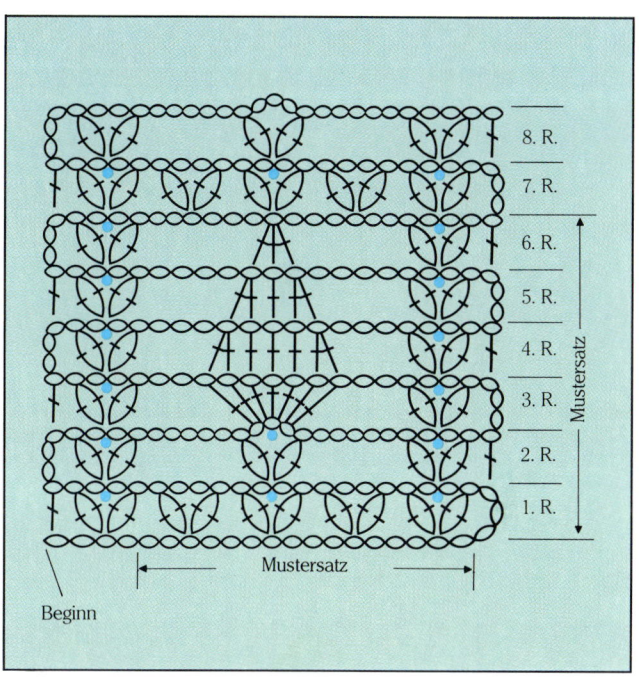

8. R.
7. R.
6. R.
5. R.
4. R.
3. R.
2. R.
1. R.

Mustersatz

Mustersatz

Beginn

16. R.
15. R.
14. R.
13. R.
12. R.
11. R.
10. R.
9. R.
8. R.
7. R.
6. R.
5. R.
4. R.
3. R.
2. R.
1. R.

Mustersatz

Beginn

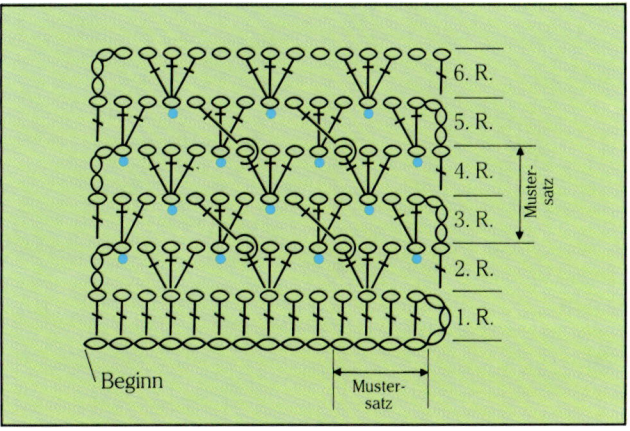

45

Mustergruppen

Hier werden Häkelstiche vorgestellt, deren charakteristische Merkmale die Schlingenbildung und das Abmaschen sind. In den Symbolzeichnungen wird dafür jeweils ein eigenes Zeichen verwendet. Da der Mustereffekt auf der rechten Seite liegt, eignen sich diese Häkelstiche besonders für das Arbeiten in Runden. Beim Arbeiten in hin- und hergehenden Reihen besteht die Rückreihe aus bekannten Häkelmaschen.

Entwicklung des Grätenstiches in Runden

1 Die Anschlagluftmasche mit einer Kettmasche in die 1. Luftmasche zum Ring schließen. 3 Luftmaschen häkeln, in die 1. Luftmasche einstechen, den Faden umschlagen und durchziehen, den Faden erneut umschlagen.

2 In die nächste Anschlagluftmasche einstechen, den Faden umschlagen und durchziehen. Es sind jetzt 4 Maschenglieder auf der Nadel.

3 Den Faden umschlagen und durch alle 4 auf der Nadel liegenden Schlingen ziehen.

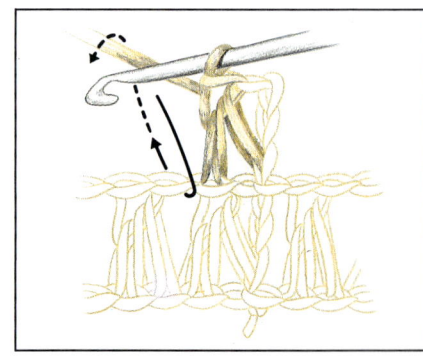

4 Den Faden umschlagen und durch die auf der Nadel liegende Masche ziehen.

5 In die nächste Anschlagluftmasche einstechen, den Faden umschlagen, durchziehen usw.

6 Hier wird die Entwicklung des Grätenstiches am Beginn der 2. Runde gezeigt.

Grätenstich in Runden gearbeitet

Muster in Reihen gearbeitet

Die Hinreihe wird aus Grätenstichen gebildet und die
Rückreihe aus festen Maschen.

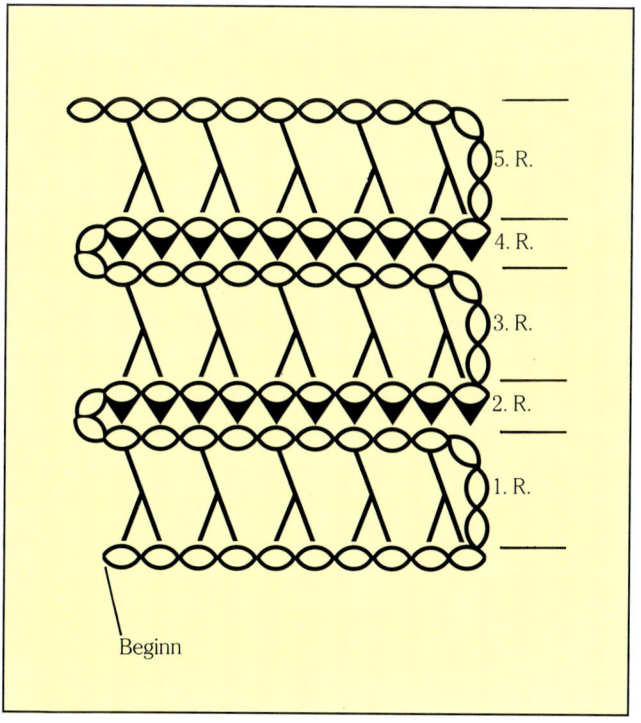

Entwicklung des einfachen Sternstiches in Runden

1 Die Anschlagluftmaschen mit einer Kettmasche in die 1. Luftmasche zum Ring schließen. 3 Luftmaschen häkeln, in die 1. Luftmasche einstechen, den Faden umschlagen und durchziehen.

2 In die nächste Anschlagluftmasche einstechen, den Faden umschlagen und durchziehen.

3 In die darauffolgenden Anschlagluftmaschen einstechen, den Faden um schlagen und durchziehen. Es liegen jetzt 4 Maschenglieder auf der Nadel. Den Faden umschlagen und durch alle Schlingen ziehen.

4 Den Faden erneut umschlagen und durch die auf der Nadel liegende Schlinge ziehen.

5 Für den nächsten Stich in das hintere Maschenglied der letzten Schlinge einstechen, den Faden umschlagen und durchziehen. In die nächste Anschlagluftmasche einstechen, den Faden umschlagen und durchziehen usw.

6 Hier wird der einfache Sternstich am Beginn der 2. Runde gezeigt.

48

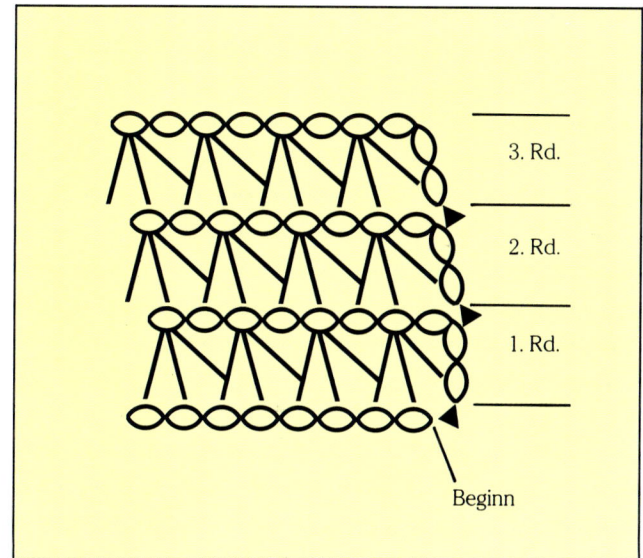

Einfacher Sternstich in Runden gearbeitet

Muster in Reihen gearbeitet

Die Hinreihe wird aus einfachen Sternstichen gebildet, und die Rückreihe aus Stäbchen.

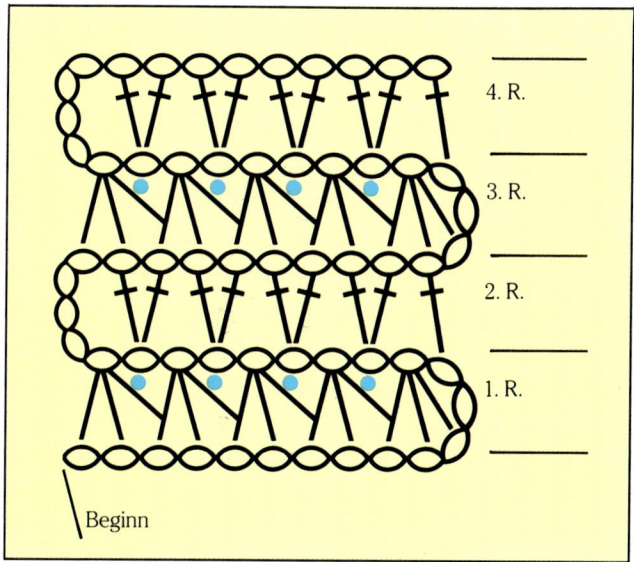

Entwicklung des Sternstiches in Runden

1 Die Anschlagluftmasche mit 1 Kettmasche in die 1. Luftmasche zum Ring schließen. 3 Luftmaschen häkeln, in die 1. Luftmasche einstechen, den Faden umschlagen und durchziehen.

2 In die nächste Anschlagluftmasche einstechen, den Faden umschlagen und durchziehen.

3 In die darauffolgenden beiden Anschlagluftmaschen einstechen und jeweils eine Schlinge holen. Es liegen jetzt 5 Maschenglieder auf der Nadel. Den Faden umschlagen und durch alle Schlingen ziehen.

4 Den Faden erneut umschlagen und durch die auf der Nadel liegende Masche ziehen.

5 Für den nächsten Sternstich in das hintere Maschenglied der letzten Schlinge einstechen, den Faden umschlagen und durchziehen. In die nächste Anschlagluftmasche einstechen, den Faden umschlagen und durchziehen, in die nächsten beiden Luftmaschen einstechen usw.

6 Hier wird die Entwicklung des Sternstiches am Beginn der 2. Runde gezeigt.

Sternstich in Runden gearbeitet

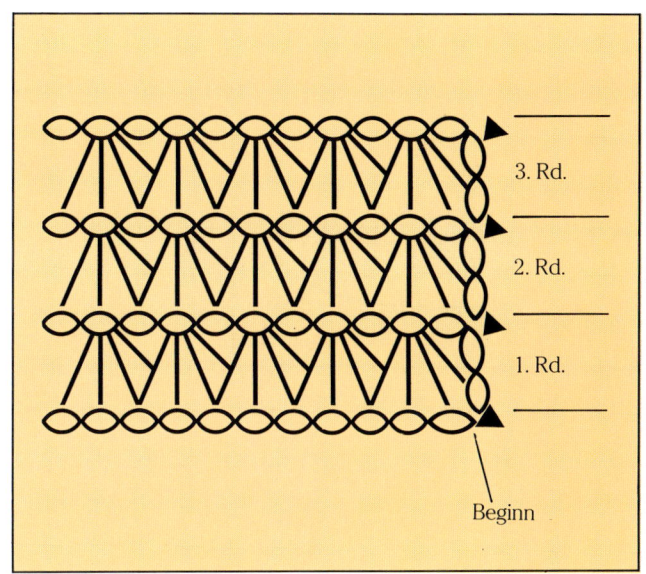

Muster in Reihen gearbeitet

Die Hinreihe wird aus Sternstichen gebildet und die Rückreihe aus festen Maschen.

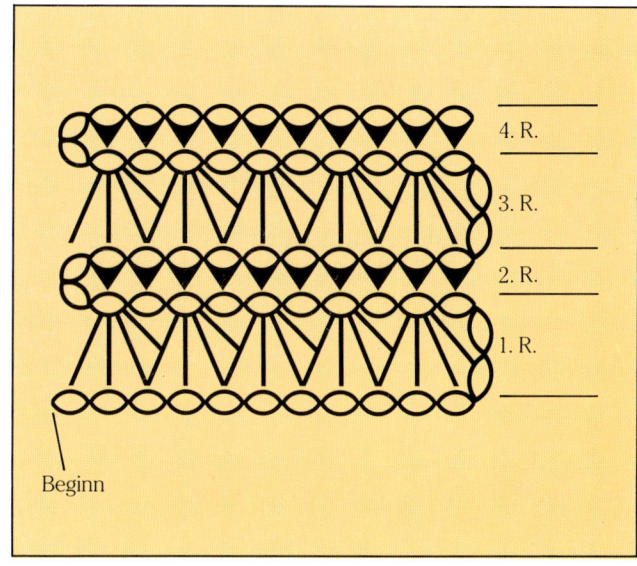

Entwicklung des Fächerstiches in Runden

1 Die Anschlagluftmaschen mit 1 Kettmasche in die 1. Luftmasche zum Ring schließen. 3 Luftmaschen in die 1. Luftmasche einstechen, den Faden umschlagen und durchziehen.

2 In die nächste Anschlagluftmasche einstechen, den Faden umschlagen und durchziehen.

3 In die darauffolgende Anschlagluftmasche einstechen, den Faden umschlagen und durchziehen. Es liegen jetzt 4 Maschenglieder auf der Nadel. Den Faden umschlagen und durch alle Schlingen ziehen.

4 Den Faden erneut umschlagen und durch die auf der Nadel liegende Masche ziehen.

5 Den Faden umschlagen und durch die auf der Nadel liegende Masche ziehen. Für den nächsten Fächerstich aus den folgenden 3 Anschlagluftmaschen je 1 Schlinge holen usw.

6 Hier wird die Entwicklung des Fächerstiches am Beginn der 2. Runde gezeigt.

Fächerstich in Runden gearbeitet

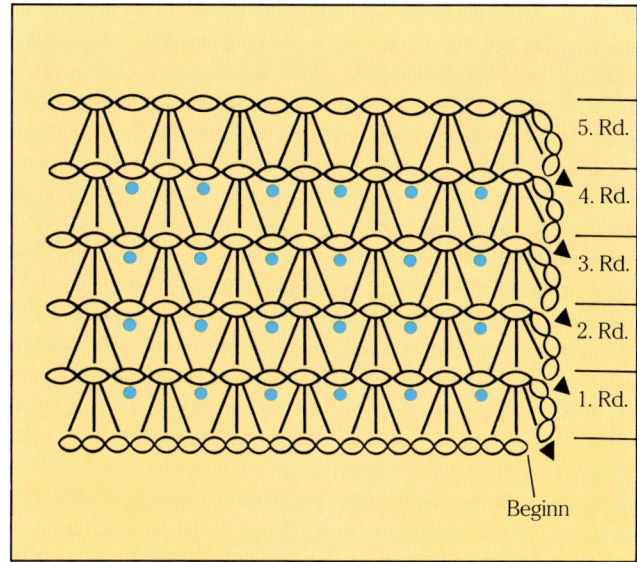

Muster in Reihen gearbeitet
Die Hinreihe wird aus Fächerstichen gebildet und die
Rückreihe aus festen Maschen.

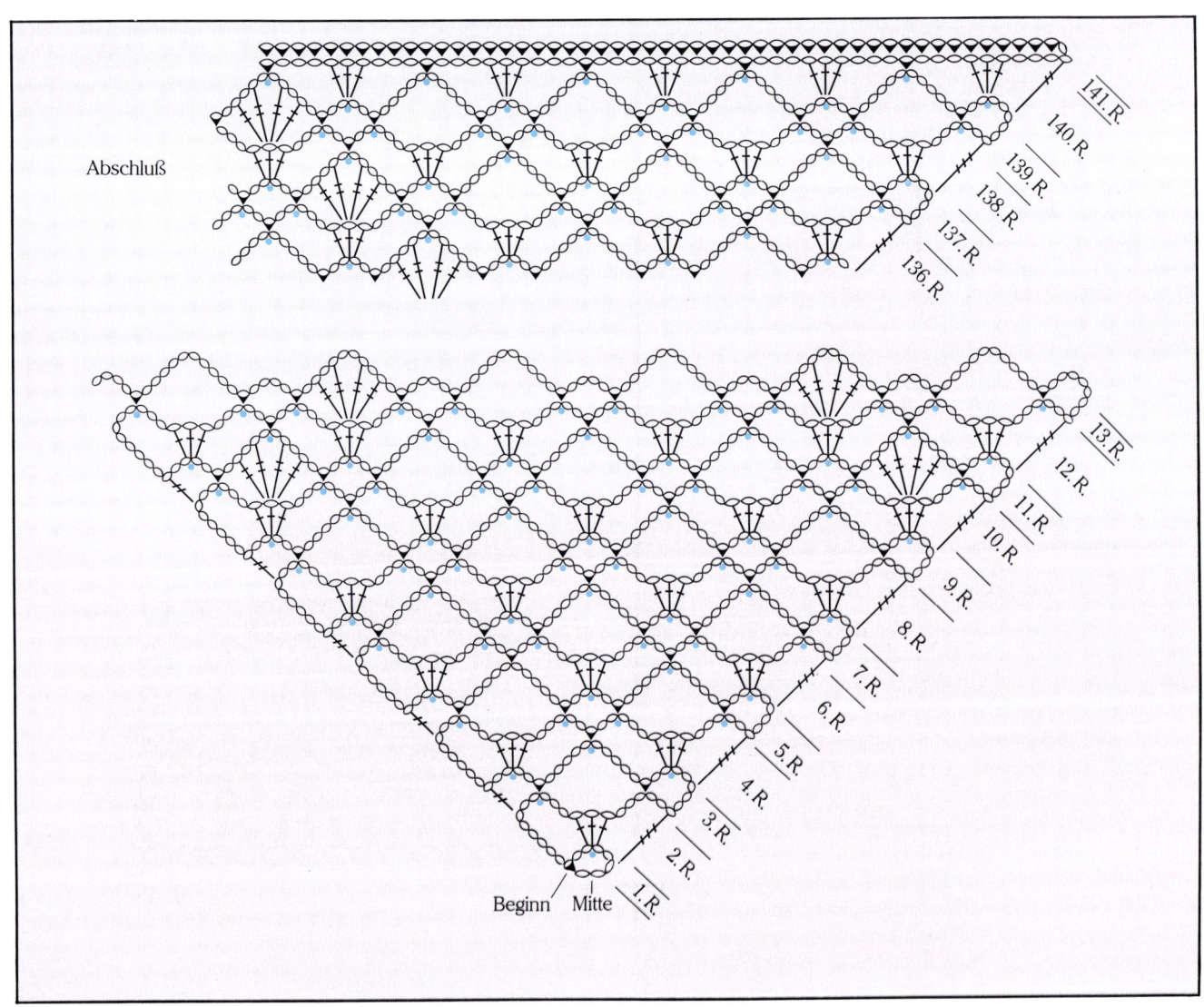

Muster

Schultertuch

Breite ca. 220 cm

Material:

Hübner Wolle, Qual. Cashgora,
Lauflänge 20 g = 110 m;
Farbe 16, 300 g;
Häkelnadel Nr. 3.

Anleitung:

An der Spitze des Tuches beginnen und
nach der Musterzeichnung häkeln. Das
Karomuster entsteht durch Gruppen
von Doppelstäbchen, die in jeder
2. Reihe versetzt gearbeitet werden.
Jeweils in der 11., 21., 31., 41. Reihe usw.
an den äußeren Rändern mit dem Karo
beginnen. Auf diese Weise bis zur
139. Reihe häkeln, die beiden Ab-
schlußreihen nach der Zeichnung arbeiten.
Das fertige Tuch leicht spannen, mit
feuchten Tüchern bedecken und trocknen lassen.
50 cm lange Fransen zuschneiden und
je 8 Fäden in die Luftmaschen bezie-
hungsweise Stäbchen an den Seiten
einknüpfen.

Abschluß

141. R.
140. R.
139. R.
138. R.
137. R.
136. R.

13. R.
12. R.
11. R.
10. R.
9. R.
8. R.
7. R.
6. R.
5. R.
4. R.
3. R.
2. R.
1. R.

Beginn   Mitte

Pulli mit Durchbruchmuster

Größe 40

Material

Mercerisiertes Baumwollgarn,
Lauflänge 50 g = 265 m,
Farbe Flieder – 350 g;
Stricknadeln Nr. 2,
Rundstricknadel Nr. 2,
Häkelnadel Nr. 2,5.

Bündchenmuster

1 Masche rechts, 1 Masche links.

Häkelmuster

Siehe Symbolzeichnung.

Maschenprobe

2 Mustersätze in Breite und Höhe =
8 x 8 cm.

Anleitung

Vorder- und Rückenteil
Mit den Stricknadeln 135 Maschen
anschlagen und im Bündchenmuster
5 cm hoch stricken. Die Maschen
abketten. Nach der Schnitt- und Symbolzeichnung weiterhäkeln, dabei in
der 1. Reihe zwischen den Stäbchengruppen je 4 Maschen übergehen.

Fertigstellung

Die Teile nach Schnitt leicht spannen
und dämpfen (nicht die Bündchen!),
die Nähte schließen. Mit der Rundstricknadel am Halsausschnitt und den
Ärmelkanten Maschen auffassen und
im Bündchenmuster 3 cm hoch strik-
ken, die Maschen abketten.

Damenpulli
Größe 42

Material
Baumwoll-Cablé-Garn,
Lauflänge 50 g = 230 m,
Farbe Lindgrün – 450 g;
Stricknadeln Nr. 2,
Häkelnadel Nr. 2,5.

Bündchenmuster
2 Maschen rechts, 2 Maschen links.

Häkelmuster
Siehe Symbolzeichnung.

Maschenprobe
36 Maschen und 30 Reihen =
10 x 10 cm.

Anleitung
Vorder- und Rückenteil
Mit den Stricknadeln 158 Maschen
anschlagen und im Bündchenmuster
10 cm hoch stricken. Die Maschen
abketten. Mit der Häkelnadel nach der
Schnitt- und Symbolzeichnung bis zu
Beginn der Armschräge arbeiten.

Ärmel
128 Luftmaschen anschlagen. Nach der
Schnitt- und Symbolzeichnung ebenfalls
bis zu Beginn der Armschräge häkeln.
Nun die vier Teile zusammen im Quadrat fertighäkeln. Ausschnittschrägung
und Eckbildung siehe Symbolzeichnung.

Fertigstellung
Den Pulli von links leicht spannen und
dämpfen (nicht die Bündchen!), die
Seiten- und Ärmelnähte schließen. Mit
den Stricknadeln Maschen auffassen,
dabei an der Ausschnittspitze beginnen.
Im Bündchenmuster 2,5 cm hoch strik-
ken und die Maschen abketten. Das
Bündchen an der Spitze übereinander-
legen und festnähen. Die Ärmelkanten
mit einer Zackenreihe umhäkeln.

Pulli mit Rückenausschnitt
Größe 38

Material
Hübner Wolle, Qualität Pampas,
Lauflänge 50 g = 140 m,
Farbe 46 – 600 g;
Stricknadeln Nr. 2,
Rundstricknadel Nr. 2,
Häkelnadel Nr. 3.

Bündchenmuster
1 Masche rechts, 1 Masche links.

Häkelmuster
Siehe Symbolzeichnung.

Maschenprobe
2 Mustersätze in der Breite und 3½
Mustersätze in der Höhe = 10 x 10 cm.

Anleitung
Vorder- und Rückenteil
Mit den Stricknadeln 127 Maschen
anschlagen und im Bündchenmuster
7 cm hoch stricken, die Maschen
abketten. Mit der Häkelnadel weiterarbeiten, dabei in der 1. Reihe 11 Mustersätze auf das Strickbündchen häkeln.
Die Teile nach der Schnitt- und Symbolzeichnung fertigstellen, von links leicht
spannen und dämpfen (nicht die Bündchen!).

Fertigstellung
Die Schulter- und Seitennähte schließen. Am Halsausschnitt mit der Rundstricknadel 161 Maschen auffassen. Im
Bündchenmuster 1½ cm hoch stricken,
dabei an der hinteren Ausschnittspitze
in jeder Runde die mittleren 2 Maschen
zusammenstricken. An den Ärmeln je
70 Maschen aufnehmen, im Bündchenmuster 2½ cm hoch stricken und die
Maschen abketten.

Pullover
Größe 38

Material
Hübner Wolle, Qualität Clou,
Lauflänge 50 g = 115 m,
Farbe Graphit – 650 g;
Viskose-Bändchen,
Lauflänge 50 g = 100 m,
Farbe Bleu – 200 g;
Stricknadeln Nr. 2,
Häkelnadel Nr. 3.

Bündchenmuster
1 Masche rechts, 1 Masche links.

Häkelmuster
Siehe Symbolzeichnung.

Maschenprobe
2 Mustersätze in Breite und Höhe =
9 x 9 cm.

Anleitung
Vorder- und Rückenteil
Mit den Stricknadeln 121 Maschen
anschlagen und im Bündchenmuster
7 cm hoch stricken, die Maschen
abketten. Mit der Häkelnadel weiterarbeiten, dabei in der 1. Reihe 12 Muster-

sätze auf das Bündchen häkeln. Nach
der Schnitt- und Symbolzeichnung
arbeiten und nach 33 cm jede Muschel-
reihe (= 1. und 3. Reihe des Mustersatzes) mit Bändchengarn häkeln.

Ärmel
Mit den Stricknadeln 63 Maschen
anschlagen und im Bündchenmuster
6 cm hoch stricken, die Maschen
abketten. Mit der Häkelnadel weiterarbeiten, dabei in der 1. Reihe 7 Muster-

sätze auf das Bündchen häkeln. Nach
der Schnitt- und Symbolzeichnung
arbeiten. Nach 32 cm jede Muschel-
reihe mit Bändchengarn häkeln.

Fertigstellung
Die Teile nach Schnitt leicht spannen
und dämpfen (nicht die Bündchen!).
Alle Nähte schließen und die Ärmel
einsetzen. Um den Halsausschnitt
1 Runde feste Maschen häkeln.

Weste

Größe 38

Material

Mercerisiertes Baumwollgarn,
Lauflänge 50 g = 265 m,
Farbe Lindgrün – 250 g;
Häkelnadel Nr. 2,5.

Grundmuster

Siehe Symbolzeichnung.

Blüten

Sie werden um das zuletzt gehäkelte
Kreuzstäbchen gearbeitet: 3 Luftmaschen, 2 Stäbchen, um das letzte
Glied des Kreuzstäbchens, 3 Luftmaschen, 1 Kettmasche, 3 Luftmaschen, 2 Stäbchen um den Mittelpunkt des Kreuzstäbchens, 3 Luftmaschen, 1 Kettmasche, 3 Luftmaschen, 2 Stäbchen um das 1. Glied
des Kreuzstäbchens, 3 Luftmaschen,
1 Kettmasche, 3 Luftmaschen, 2 Stäbchen um die Luftmasche des Kreuzstäbchens, 3 Luftmaschen, 1 Kettmasche.

Maschenprobe

44 Maschen und 10 Reihen =
10 x 10 cm.

Rückenteil

Anschlag 166 Luftmaschen. Nach der
Schnitt- und Symbolzeichnung häkeln,
dabei den Mustersatz 6mal arbeiten.

Vorderteile

Anschlag 86 Luftmaschen. Nach der
Schnitt- und Symbolzeichnung häkeln,
dabei den Mustersatz 3mal arbeiten.

Fertigstellung

Die Teile nach Schnitt leicht spannen,
anfeuchten und trocknen lassen. Nähte
schließen. Alle Kanten mit 1 Pikotreihe
umhäkeln.

Blüte

65

Taufkleid mit Mütze
Erstlingsgröße

Material
Glanzhäkelgarn Nr. 20,
Lauflänge 10 g = 64 m,
Farbe Weiß – 230 g;
Häkelnadel Nr. 1,25,
Hutgummi,
Schleifenband.

Grundmuster
Siehe Symbolzeichnung.

Blüten
Sie werden einzeln nach der Symbol-
zeichnung gehäkelt und dann auf das
Kleidchen genäht.

Maschenprobe
40 Maschen und 16 Reihen =
10 x 10 cm.

Anleitung
Kleid
Anschlag 349 Luftmaschen. Im Grundmuster bis 60 cm Höhe arbeiten. Für
die Abnahme zum Passenteil 1 Reihe:
∗1 Stäbchen auf das Stäbchen und
1 Stäbchen auf das nächste Stäbchen
der Vorreihe zusammen abmaschen,
4 Luftmaschen∗. Die Passe nach Schnitt
fertigstellen.

Ärmel
Anschlag 69 Luftmaschen. Nach der
Schnitt- und Symbolzeichnung häkeln.

Fertigstellung

Die Arm- und Schulternähte schließen, die Ärmel einsetzen.
Alle Außenkanten mit 1 Reihe Spitzpikots umhäkeln: *1 feste
Masche, 4 Luftmaschen, 1 feste Masche in die vorletzte Luftmasche, 1 halbes Stäbchen in die nächste Luftmasche, 1 Stäbchen in die nächste Luftmasche*. 40 Blüten arbeiten, davon
6 um den Halsausschnitt und die restlichen auf dem Rockteil
verteilt aufnähen. An den Ärmeln 2 cm vom Rand Hutgummi einziehen. Durch die 1. Reihe der Passe ein Schleifenband ziehen.

Mütze

Anschlag 109 Luftmaschen. Nach der Schnitt- und Symbolzeichnung häkeln.
Die Kopfnähte schließen und die Vorderkante mit Spitzpikots
umhäkeln. Am Halsrand ein Schleifenband durchziehen.

Gardine
90 x 135 cm

Material
Mercerisiertes Baumwollgarn,
Lauflänge 50 g = 265 m,
Farbe Weiß – 450 g;
Häkelnadel Nr. 2.

Grundmuster
Siehe Symbolzeichnung. Ein geschlossenes Kästchen entsteht durch je
4 Stäbchen in 2 aufeinanderfolgenden Reihen und ein leeres Kästchen durch
4 Maschen und 2 Reihen im Grundmuster. Der Ausschnitt zeigt die linke
untere Ecke der Schemazeichnung
(Raster) mit Randspitze.

Maschenprobe
40 Maschen und 16 Reihen =
10 x 10 cm.

Anleitung
Anschlag 364 Luftmaschen. Die Gardine nach der Muster- und Schemazeichnung häkeln, dabei den Mustersatz in Breite und Höhe je 4mal arbeiten. Die Spitze am unteren Rand nach
Zeichnung häkeln und mit Kettmaschen an die Gardine anhängen. Die
Ober- und Seitenkanten mit 1 Reihe
feste Maschen umhäkeln.

Fertigstellung
Das fertige Teil leicht spannen, anfeuchten und trocknen lassen.

Tischläufer

36 x 82 cm

Material

Baumwoll-Cablé-Garn,
Lauflänge 50 g = 230 m,
Farbe Ecrú – 150 g;
Häkelnadel Nr. 2,5.

Maschenprobe

2 Mustersätze in der Breite und 2½
Mustersätze in der Höhe = 10 x 10 cm.

Anleitung

Anschlag 165 Luftmaschen. Den Läufer
nach der Zeichnung häkeln, dabei den
Mustersatz in der Breite 7mal und in
der Höhe 19mal arbeiten. Die Ränder
nach der Zeichnung mit festen
Maschen und Pikots umhäkeln. Das fertige Teil von links leicht spannen und
dämpfen.

Streifenmuster aus festen Maschen

Wellenmuster

Karomuster mit tief eingestochenen festen Maschen

Versetzte Dreiecke mit tief eingestochenen festen Maschen

Muster mit ineinandergesetzten Dreiecken

Zackenmuster

Durchbruchmuster

Muster mit tief eingestochenen Stäbchen

Herzmuster

Margaritenmuster

Durchbruchmuster mit tief eingestochenen Stäbchen

Buntes Muschelmuster

Offenes Noppenmuster

Streifenmuster mit Noppen aus Reliefstäbchen

Fantasiemuster mit tief eingestochenen Stäbchen

Würfelmuster mit tief eingestochenen Stäbchen

Ombrémuster mit Reliefstäbchen

Treppenmuster

Geschlossenes Noppenmuster

Würfelmuster mit Reliefstäbchen

Kinderdecke

etwa 75 x 75 cm

Material
Baumwoll-Cablé-Garn,
Lauflänge 50 g = 230 m,
Farbe Weiß – 300 g;
Farbe Flieder und Blau – je 150 g;
Häkelnadel Nr. 2,5.

Muster
Siehe Symbolzeichnung.

Maschenprobe
33 Maschen und 40 Reihen =
10 x 10 cm.

Farbfolge
2 Reihen flieder,
2 Reihen weiß,
2 Reihen flieder,
2 Reihen weiß,
2 Reihen blau,
2 Reihen weiß,
2 Reihen blau,
2 Reihen weiß.

Anleitung
Anschlag 229 Luftmaschen. Nach der
Symbolzeichnung und Farbfolge 278
Reihen häkeln. Die Decke mit festen
Maschen umhäkeln: 4 Runden in Weiß,
2 Runden in Blau, 2 Runden in Weiß,
2 Runden in Flieder. Das fertige Teil
von links nach Maß spannen, anfeuchten und trocknen lassen.

Babygarnitur
Erstlingsgröße

Material
Mercerisiertes Baumwollgarn,
Lauflänge 50 g = 153 m,
Farbe Türkis, Eisgrün, Weiß – je 50 g;
Häkelnadel Nr. 3.

Muster
Siehe Symbolzeichnung.

Maschenprobe (Passenmuster)
9 Maschen und 6 Reihen = 5 x 5 cm.

Farbfolge des Muschelmusters
2 Reihen eisgrün,
2 Reihen weiß,
2 Reihen türkis.

Anleitung
Die Jacke wird am Halsausschnitt
begonnen!

Passe
Mit der Farbe Türkis arbeiten. Anschlag
50 Luftmaschen. Im Passenmuster

häkeln, dabei in die 10., 19., 32. und 41.
Anschlagluftmasche je eine Eckgruppe
arbeiten. Nach der Zeichnung insgesamt 6 Reihen häkeln.

Ärmel
Über die Seitenkanten der Passe je 16
Reihen im Muschelmuster nach Farb-
folge arbeiten.

Rücken- und Vorderteile
An der offenen Kante des rechten Vor-
derteiles beginnen und über alle unbe-
häkelten Maschen der letzten Passen-
reihe arbeiten. Im Muschelmuster nach
der Farbfolge 21 Reihen häkeln.

Fertigstellung
In Weiß um den Halsausschnitt 1 Reihe:
1 Stäbchen, 1 Luftmasche, 1 Masche
übergehen. Über diese Reihe und um
alle Kanten 1 Runde Muschelmuster, als
Abschluß in Türkis 1 Runde feste
Maschen. Die Ärmelnähte schließen,
die vorderen Kanten mit 1 Runde feste
Maschen in Türkis umhäkeln. Eine
60 cm lange Kordel drehen und durch
die Stäbchenreihe am Halsrand ziehen.

Mütze
Anschlag 14 Luftmaschen. In der Farbe
Türkis arbeiten. Im Passenmuster 11
Reihen arbeiten, bei den letzten beiden
Reihen am Anfang und Ende je
1 Gabelstäbchen unbehäkelt lassen. Mit
dem Muschelmuster an der rechten un-
teren Ecke beginnen und über die
Spitze zur linken Ecke arbeiten. Nach
der Farbfolge 16 Reihen häkeln. Um
den Halsausschnitt 1 Reihe: 1 Stäbchen,
1 Luftmasche, 1 Masche übergehen. Als
Abschluß um alle Kanten 1 Reihe feste
Maschen in Türkis. Eine 60 cm lange
Kordel drehen und durch die Stäbchenreihe am Halsrand ziehen.

Noppen aus Luftmaschen

Grund
Feste Maschen.

Noppe
1 feste Masche, 5 Luftmaschen (A),
1 feste Masche in die nächste Masche
der Vorreihe (B, C).

Abb. A

Abb. B

Abb. C

Grund
Feste Maschen.

Noppe
1 feste Masche, in die nächste Masche einstechen, den Faden umschlagen und durchziehen (A).
Auf diese Schlinge 3 Luftmaschen arbeiten, den Faden umschlagen (B), durch die Luftmasche und die Schlinge der letzten festen Masche ziehen (C).

Abb. A

Abb. B

Abb. C

Noppen

Grund
1 Reihe feste Maschen,
1 Reihe Stäbchen.

Noppe
1 feste Masche und 6 Luftmaschen häkeln (A).
Zwischen die 2 Abmaschglieder der letzten festen Masche einstechen und den linken senkrechten Maschendraht auffassen, den Faden holen und durchziehen (B).
In das nächste Stäbchen einstechen, den Faden holen und durchziehen, den Faden umschlagen (C) und durch alle 3 Schlingen ziehen, die auf der Nadel liegen.

Abb. A

Abb. B

Abb. C

Noppen aus Stäbchen

Beginn Mustersatz

Grund
Stäbchen.

Noppe
4 Stäbchen in 1 Masche, 1 Luftmasche.
Die Nadel aus der Schlinge nehmen
und in das 1. Stäbchen von vorne nach
hinten in beide Abmaschglieder
stechen (A).
Die Schlinge wieder auf die Nadel
nehmen, den Faden umschlagen (B)
und durch alle Schlingen ziehen (C).

Abb. A

Abb. B

Abb. C

Noppen aus zusammen abgemaschten Stäbchen

Grund

Hinreihe:
feste Maschen, in das hintere Glied eingestochen.
Rückreihe:
feste Maschen, in das vordere Glied eingestochen.

Noppe

Den Faden umschlagen, in das vordere Maschenglied der vorletzten Reihe von unten nach oben einstechen, den Faden umschlagen (A) und durchziehen. Den Faden nochmals umschlagen und 2 Schlingen abhäkeln (B). Diesen Vorgang noch 3mal wiederholen; es sind jetzt 5 Schlingen auf der Nadel. Den Faden umschlagen (C) und durch alle auf der Nadel liegenden Schlingen ziehen.

Abb. A

Abb. B

Abb. C

Noppen aus Büschelstäbchen

Gittergrund
1 Stäbchen, 1 Luftmasche,
1 Masche übergehen.

Noppe
Den Faden umschlagen, um die Luft-
masche der Vorreihe einstechen, den
Faden holen (A) und durchziehen. Die-
sen Vorgang 3mal wiederholen.
Es sind jetzt 9 Schlingen auf der Nadel.
Den Faden holen (B) und durch
8 Schlingen ziehen.
Den Faden nochmals umschlagen und
die restlichen 2 Schlingen abmaschen (C).

Abb. A

Abb. B

Abb. C

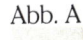

9. R.
8. R.
7. R.
6. R.
5. R.
4. R.
3. R.
2. R.
1. R.

Mustersatz

Mustersatz

Beginn

Noppen aus Relief-Büschel-Stäbchen

Grund
Stäbchen.

Noppe
Den Faden umschlagen und von rechts nach links um das Stäbchen der Vorreihe stechen, den Faden holen (A) und durchziehen. Diesen Vorgang 3mal wiederholen.
Es sind jetzt 9 Schlingen auf der Nadel. Den Faden umschlagen (B) und durch 8 Schlingen ziehen.
Den Faden umschlagen und durch die restlichen 2 Schlingen ziehen (C).

Abb. A

Abb. B

Abb. C

6. R.
5. R.
4. R.
3. R.
2. R.
1. R.

Mustersatz

Muster-satz

Beginn

Noppen um ein Stäbchen

Beginn | Mustersatz

12. R.
11. R.
10. R.
9. R.
8. R.
7. R.
6. R.
5. R.
4. R.
3. R.
2. R.
1. R.

Mustersatz

Grund
Stäbchen.

Noppe
1 Stäbchen nur halb abmaschen, so daß noch 2 Schlingen auf der Nadel liegen. Mit 1 Umschlag um dieses Stäbchen stechen, den Faden holen und durchziehen (A).
Mit je 1 Umschlag noch 3mal um dieses Stäbchen stechen und den Faden durchziehen (B).
Den Faden holen und durch alle Schlingen ziehen, die auf der Nadel liegen. Mit 1 Umschlag das nächste Stäbchen beginnen (C).

Abb. A

Abb. B

Abb. C

93

Noppen um mehrere Stäbchen

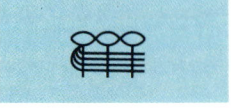

Grund
Stäbchen.

Noppe
3 Stäbchen arbeiten, dabei das letzte
Stäbchen nur halb abmaschen. Den
Faden umschlagen (A),
um die Stäbchengruppe stechen und
den Faden durchziehen (B). Noch
3mal mit je 1 Umschlag um die Gruppe
stechen und den Faden holen.
Den Faden erneut umschlagen (C) und
durch alle Schlingen ziehen, die auf der
Nadel liegen.
Mit 1 Umschlag das nächste Stäbchen
beginnen (D).

Abb. A   Abb. B

Abb. C   Abb. D

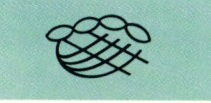

Grund
Stäbchen.

Noppe
1 Stäbchen und 1 Doppelstäbchen zusammen abmaschen, 3 Luftmaschen (A).
Um das Doppelstäbchen 2 Stäbchen häkeln, dabei das 2. Stäbchen nur halb abmaschen (B). Um diese beiden Stäbchen 4mal mit je 1 Umschlag stechen und den Faden durchziehen.
Den Faden erneut umschlagen (C) und durch alle Schlingen ziehen, die auf der Nadel liegen.
Hier ist bereits das nächste Stäbchen gearbeitet (D).

Abb. A

Abb. B

Abb. C

Abb. D

Die tunesische Häkelei wird mit einer langen Häkelnadel stets auf einer Seite gearbeitet, ohne die Arbeit zu wenden.

Jede Reihe besteht aus 2 Arbeitsgängen: In der Hinreihe werden von rechts nach links Schlingen aufgenommen

und in der Rückreihe werden diese Schlingen von links nach rechts abgemascht.

1. Reihe, Hinreihe
Bei der 2. Luftmasche von der Nadel aus beginnend in jede Anschlagluftmasche einstechen, den Faden umschlagen und durchziehen. Alle Schlingen bleiben auf der Nadel und sollten gleichmäßig hoch und locker sein.

1. Reihe, Rückreihe
Den Faden umschlagen und durch die 1. auf der Nadel liegende Schlinge ziehen. Den Faden umschlagen und durch die letzten beiden auf der Nadel liegenden Schlingen ziehen.

Alle folgenden Schlingen paarweise abmaschen. Alle weiteren Rückreihen werden auf diese Weise gearbeitet.

2. Reihe, Hinreihe
Durch die gut sichtbaren senkrechten Maschenglieder der Vorreihe stechen, jeweils den Faden umschlagen und als Schlinge auf die Nadel holen. Das 1. Maschenglied ist die Randmasche, sie wird immer übergangen. Die Randmasche am Ende der Reihe wird durch das letzte senkrechte Maschenglied geholt.

Das Abketten
Diese Abschlußreihe ist bei jeder tunesischen Häkelarbeit erforderlich. Sie besteht aus Kettmaschen und wird stets als Hinreihe ausgeführt. Durch die 2. senkrechte Schlinge stechen, den Faden umschlagen und durch die 2 auf der Nadel liegenden Schlingen ziehen. Durch die nächste Schlinge stechen usw.

Abschluß aus Kettmaschen.

Das Zunehmen von einer Masche am Anfang der Reihe

In der Hinreihe wird aus der Randmasche, die man normalerweise übergeht, eine Schlinge geholt.

Das Zunehmen von einer Masche am Ende der Reihe

Bevor man aus der Randmasche die letzte Schlinge holt, wird durch das obere, waagerecht liegende Abmaschglied der Vorreihe eine Schlinge geholt.

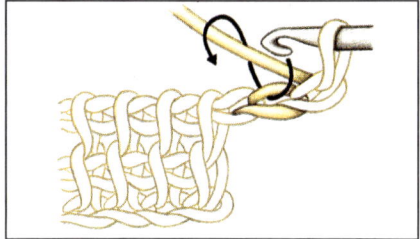

Das Zunehmen von mehreren Maschen am Anfang der Reihe

Vor Beginn der Hinreihe werden entsprechend viele Luftmaschen gehäkelt. Aus diesen wird dann die erforderliche Anzahl Schlingen geholt.

Das Zunehmen von mehreren Maschen am Ende der Reihe

Vor Beginn der Arbeit errechnet man die Summe aller zuzunehmenden Maschen auf der linken Seite und häkelt bereits in der Anfangsreihe die entsprechende Anzahl Luftmaschen mehr. Aus ihnen holt man am Ende jeder Hinreihe die entsprechende Anzahl neuer Schlingen.

Das Zunehmen innerhalb der Reihe

Um eine Masche zuzunehmen, wird in der Hinreihe zwischen zwei senkrechten Maschengliedern in das waagerecht liegende Abmaschglied der Vorreihe eingestochen und eine Schlinge geholt.

In der Rückreihe werden wie üblich alle Schlingen paarweise abgemascht.

97

Das Abnehmen von einer Masche an Anfang einer Reihe

Vor dem Abnehmen am Reihenanfang werden in der vorhergehenden Rückreihe die letzten drei Schlingen zusammen abgemascht. Am Anfang einer Hinreihe holt man die 1. Schlinge aus dem 2. senkrechten Maschenglied.

Das Abnehmen von mehreren Maschen am Anfang der Reihe

Bis zum Beginn der nächsten Hinreihe wird die entsprechende Anzahl von Maschen abgekettet.

Das Abnehmen innerhalb der Reihe

In der Hinreihe faßt man mit der Häkelnadel 2 senkrechte Maschenglieder auf und holt eine Schlinge durch. In der Rückreihe werden die Schlingen wie üblich paarweise abgemascht.

Das Abnehmen von einer Masche am Ende einer Reihe

Am Ende einer Hinreihe faßt man mit der Häkelnadel die letzten beiden senkrechten Maschenglieder der Vorreihe auf und holt eine Schlinge durch.

Das Abnehmen von mehreren Maschen am Ende der Reihe

Die entsprechende Anzahl von Maschen bleibt unbehäkelt.

Das Überhäkeln einer Schräge

Um einen geraden Abschluß bei verkürzten Reihen zu bekommen, wird die Schräge überhäkelt. Dafür werden von allen freistehenden Maschen aus den senkrechten Maschengliedern Schlingen geholt, die in der Rückreihe paarweise abgemascht werden.

Verschiedene tunesische Häkelstiche

Nach dem Luftmaschenanschlag wird stets eine Hin- und Rückreihe im einfachen tunesischen Stich gearbeitet.

Der einfache tunesische Strickstich

Hinreihe:
Zwischen das vordere und hintere senkrechte Maschenglied einstechen und eine Schlinge holen, dabei liegt das vordere Maschenglied links.
Rückreihe:
Alle Schlingen werden paarweise abgemascht.

Der verschränkte tunesische Strickstich

Hinreihe:
Zwischen das vordere und hintere senkrechte Maschenglied einstechen und eine Schlinge holen, dabei liegt das vordere Maschenglied rechts.
Rückreihe:
Alle Schlingen werden paarweise abgemascht.

Der Gitterstich

Hinreihe:
In das hintere, waagerecht liegende Maschenglied einstechen und eine Schlinge holen.
Rückreihe:
Alle Schlingen werden paarweise abgemascht.

Der linkstunesische Stich
Hinreihe:
In das hintere senkrechte Maschenglied
einstechen und eine Schlinge holen.
Rückreihe:
Alle Schlingen werden paarweise abge-
mascht.

Die linkstunesische Masche
Hinreihe:
Den Faden vor die Arbeit legen, von
links nach rechts durch das vordere
senkrechte Maschenglied stechen und
eine Schlinge holen.
Rückreihe:
Alle Schlingen werden paarweise abgemascht.

Der tunesische Kreuzstich
Hinreihe:
In das 2. senkrechte Maschenglied ein-
stechen und eine Schlinge holen, in das
1. Maschenglied einstechen und eine
Schlinge holen. Nun in das 4. und
3. Maschenglied einstechen usw.
Rückreihe:
Alle Schlingen werden paarweise abge-
mascht.

Tunesische Häkelmuster

Nach dem Luftmaschenanschlag wird stets 1 Reihe im einfachen tunesischen Stich gearbeitet.

Diagonales Lochmuster
1. Hinreihe:
1 Randmasche, *aus 4 senkrechten Maschengliedern je 1 Schlinge holen, 1 Umschlag, 1 Masche übergehen*, 1 Randmasche.
Rückreihe:
Alle Schlingen paarweise abmaschen.
2. Hinreihe:
1 Randmasche, *aus 3 senkrechten Maschengliedern je 1 Schlinge holen, 1 Umschlag, in das Loch des Umschlages der Vorreihe einstechen und 1 Schlinge holen*, 1 Randmasche. Bei allen folgenden Hinreihen wird der Mustersatz um jeweils 1 Masche nach rechts versetzt.
2. Hinreihe und Rückreihe fortlaufend wiederholen.

Längsstreifenmuster
1. Hinreihe:
Aus allen senkrechten Maschengliedern je 1 Schlinge holen.
Rückreihe:
1 Randmasche, *3mal je 2 Schlingen abmaschen, 1mal 3 Schlingen abmaschen, 3mal je 2 Schlingen abmaschen*, 1 Randmasche.
2. Hinreihe:
1 Randmasche, *aus den senkrechten Maschengliedern 3mal je 1 Schlinge holen, aus den Zwischenräumen vor und nach den zusammen abgemaschten Schlingen je 1 Schlinge holen, aus den folgenden 3 senkrechten Maschengliedern je 1 Schlinge holen*, 1 Randmasche.
2. Hinreihe und Rückreihe fortlaufend wiederholen.

Noppenmuster
1.–3. Reihe:
Einfacher tunesischer Stich.
4. Hinreihe:
1 Randmasche, *aus 2 senkrechten Maschengliedern je 1 Schlinge holen, aus dem senkrechten Maschenglied der drittletzten Reihe 4mal mit je 1 Umschlag 1 Schlinge holen, den Faden umschlagen und durch diese 8 Schlingen ziehen, aus den 2 nächsten senkrechten Maschengliedern je 1 Schlinge holen*, 1 Randmasche.
4. Rückreihe:
Alle Schlingen paarweise abmaschen.
1.–4. Reihe fortlaufend wiederholen.

Kleines Muschelmuster

1. Hinreihe:
Aus allen senkrechten Maschengliedern je 1 Schlinge holen.
Rückreihe:
1 Randmasche, *1 Luftmasche, den Faden umschlagen und durch die ersten 4 Schlingen auf der Nadel ziehen*, 1 Luftmasche, 1 Randmasche.
2. Hinreihe:
Jeweils aus der Luftmasche, dem waagerechten Maschenglied über der Muschel und dem nächsten Abmaschglied 1 Schlinge holen.
Die 2. Hinreihe und die Rückreihe fortlaufend wiederholen.

Wellenmuster

1. Reihe:
Einfacher tunesischer Stich.
2. Hinreihe:
Aus allen senkrechten Maschengliedern je 1 Schlinge holen.
2. Rückreihe:
1 Randmasche, *2 Luftmaschen, den Faden umschlagen und die ersten 6 Schlingen auf der Nadel zusammen abmaschen, 2 Luftmaschen*, 1 Randmasche.
3. Hinreihe:
1 Randmasche, *aus den 2 Luftmaschen, dem oberen waagerechten Maschenglied und den nächsten 2 Luftmaschen je 1 Schlinge holen*, 1 Randmasche.
3. Rückreihe:
Alle Schlingen paarweise abmaschen.
2. und 3. Reihe fortlaufend wiederholen.

Ajourmuster

1. Reihe:
Tunesischer Kreuzstich.
2. Hinreihe:
1 Randmasche, *1 Umschlag, durch das 2. senkrechte Maschenglied 1 Schlinge holen, den Faden umschlagen und durch die ersten 2 Schlingen auf der Nadel ziehen, 1 Umschlag, durch das 1. senkrechte Maschenglied 1 Schlinge holen, den Faden umschlagen und durch die ersten 2 Schlingen auf der Nadel ziehen*, 1 Randmasche.
2. Rückreihe:
Alle Schlingen paarweise abmaschen.
1. und 2. Reihe fortlaufend wiederholen.

Sternmuster

1. Reihe:
Farbe Beige, einfacher tunesischer Stich.
2. Hinreihe:
1 Randmasche, *aus 2 senkrechten Maschengliedern je
1 Schlinge in der Farbe Beige holen, aus den nächsten
2 Maschengliedern je 1 Schlinge in der Farbe Türkis holen*,
1 Randmasche.
2. Rückreihe:
Alle Schlingen paarweise in der entsprechenden Farbe abhäkeln.
3. Reihe:
Farbe Beige, tunesischer Kreuzstich.
2. und 3. Reihe fortlaufend wiederholen, dabei die 2farbige
Reihe abwechselnd mit beige und türkis beginnen.

Karomuster

1. Reihe: Farbe Blau, einfacher tunesischer Stich.
2. Reihe: Farbe Gelb, einfacher tunesischer Stich.
3. Reihe: Farbe Kupfer, einfacher tunesischer Stich.
4. Hinreihe: Farbe Blau, 1 Randmasche, *aus den folgenden
4 senkrechten Maschengliedern je 1 Schlinge holen, den
Faden umschlagen, aus dem senkrechten Maschenglied der
1. Reihe 1 Schlinge holen, den Faden umschlagen und durch
die ersten 2 Schlingen auf der Nadel ziehen*, 1 Randmasche.
4. Rückreihe: Farbe Blau, alle Schlingen paarweise abmaschen.
2.–4. Reihe fortlaufend wiederholen.

Fantasiemuster

Bei allen Rückreihen werden die Schlingen paarweise abgemascht!
1. Reihe: Farbe Kupfer, einfacher tunesischer Stich.
2. Hinreihe: Farbe Grün, 1 Randmasche, *aus 3 senkrechten
Maschengliedern je 1 Schlinge holen, 1 Umschlag, 1 Masche
übergehen, 1 Schlinge holen. 1 Umschlag, 1 Masche übergehen*, 1 Randmasche.
3. Hinreihe: Farbe Kupfer, 1 Randmasche, *aus 3 senkrechten Maschengliedern je 1 Schlinge holen, 2 Umschläge, aus
dem nächsten Maschenglied der vorletzten Reihe 1 Schlinge
holen, den Faden umschlagen und 2 Schlingen abmaschen,
1 Umschlag, aus der übernächsten Schlinge der vorletzten
Reihe 1 Schlinge holen, den Faden umschlagen und 2 Schlingen abmaschen, den Faden nochmals umschlagen und
2 Schlingen abmaschen, 1 Umschlag*, 1 Randmasche.
4. Hinreihe: Farbe Grün, 1 Randmasche, *1 Umschlag,
1 Masche übergehen, 1 Schlinge holen, 1 Umschlag, aus den
Zwischenräumen vor und nach der Stäbchengruppe sowie
dessen mittlerem Abmaschglied je 1 Schlinge holen*, 1 Randmasche.
Die 3. und 4. Reihe fortlaufend wiederholen, dabei nach je
2 Reihen den Mustersatz um 3 Maschen versetzen.

Das Filethäkeln ist eine Nachbildung der Filetarbeit, wo zunächst ein Netz geknüpft wird und dann die Musterflächen ausgestopft werden. Beim Filethäkeln entstehen die Musterkästchen in einem Arbeitsgang. Der Effekt liegt in der Licht- und Schattenwirkung von leeren und vollen Kästchen.

Ein leeres Kästchen besteht normalerweise aus 1 Stäbchen und 2 Luftmaschen, ein volles Kästchen wird durch 3 Stäbchen gebildet.

Die Filethäkelei wird nach Zählmustern gearbeitet, die eine schematische Darstellung zeigen. Ein Karofeld entspricht

Gittermuster 1, Entstehung

Gittermuster 2, Entstehung

Gittermuster 1

Gittermuster 2

einem leeren und ein schraffiertes Feld einem vollen Kästchen. Wegen der besseren Verständlichkeit sind in unserem Grundlehrgang alle Maschen gezeichnet, die Muster in den Modellanleitungen sind schematisiert. Als Vorlage können neben einfarbigen Kreuzstichvorlagen auch Eigenentwürfe auf Karopapier dienen.

Das Häkelgarn sollte glatt sein und aus Baumwolle, Leinen, eventuell Viskose und deren Mischungen bestehen. So wirken die Muster optisch gut und die Häkelarbeiten haben Stabilität.

Gittermuster 3, Entstehung

Gittermuster 4, Entstehung

Gittermuster 3

Gittermuster 4 (Schachbrettmuster)

Zunahme von einem leeren Kästchen

Reihenanfang

Reihenende

Am Anfang der Reihe:
Mit 7 Luftmaschen wenden, 1 Stäbchen auf das Stäbchen der Vorreihe.

Am Ende der Reihe:
1 Stäbchen auf die letzte Masche der Vorreihe, 2 Luftmaschen, 1 Dreifachstäbchen in die gleiche Einstichstelle.

Zunahme von mehreren leeren Kästchen

Reihenanfang

Reihenende

Am Anfang der Reihe:
3 Luftmaschen für ein Mittelkästchen und 7 Luftmaschen für das Randkästchen, 1 Stäbchen in die 8. Luftmasche von der Nadel aus, 2 Luftmaschen, 2 Maschen übergehen, 1 Stäbchen auf das Stäbchen der Vorreihe.

Am Ende der Reihe:
1 Stäbchen, 2 Luftmaschen, 1 Dreifachstäbchen in die gleiche Einstichstelle, für jedes weitere Kästchen 2 Luftmaschen und 1 Dreifachstäbchen in das mittlere Glied des letzten Dreifachstäbchens arbeiten.

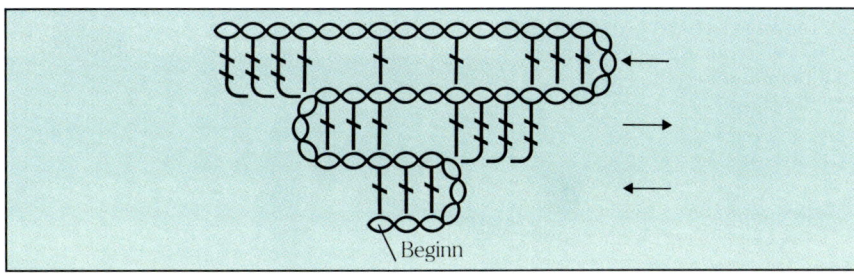

Zunahme von einem vollen Kästchen

Reihenanfang

Reihenende

Am Anfang der Reihe:
5 Luftmaschen, 1 Stäbchen in die
3. Luftmasche von der Nadel aus,
1 Stäbchen in die nächste Luftmasche,
1 Stäbchen auf das letzte Stäbchen der
Vorreihe.

Am Ende der Reihe:
1 Stäbchen auf das Stäbchen der Vorreihe, 1 Doppelstäbchen in die gleiche
Einstichstelle, 2 Doppelstäbchen jeweils
in das untere Maschenglied des letzten
Doppelstäbchens eingestochen.

Zunahme von mehreren vollen Kästchen

Reihenanfang

Reihenende

Am Anfang der Reihe:
3 Luftmaschen für je ein Mittelkästchen
und 5 Luftmaschen für das Randkästchen, 1 Stäbchen in die 4. Luftmasche
von der Nadel aus, je 1 Stäbchen in die
folgenden Luftmaschen, 1 Stäbchen auf
das letzte Stäbchen der Vorreihe.

Am Ende der Reihe:
1 Stäbchen auf das letzte Stäbchen der
Vorreihe, 1 Doppelstäbchen in die gleiche Einstichstelle, entsprechend viele
Doppelstäbchen jeweils in das untere
Maschenglied des letzten Doppelstäbchens eingestochen. Für jedes zuge-
nommene Kästchen werden 3 Doppelstäbchen benötigt.

Abnahme von einem leeren Kästchen

Am Anfang der Reihe:
Mit Kettmaschen bis zum nächsten
Stäbchen gehen, 5 Luftmaschen,
1 Stäbchen auf das nächste Stäbchen
der Vorreihe.

Am Ende der Reihe:
Das letzte Kästchen der Vorreihe unbehäkelt lassen.
Um das Überhäkeln mit Kettmaschen
am Anfang der Reihe zu vermeiden,.
die letzte Reihe wie folgt beenden:
1 Stäbchen halb abmaschen, so daß
noch 2 Schlingen auf der Nadel liegen,
1 Dreifachstäbchen arbeiten und abmaschen, bis noch insgesamt 3 Schlingen
auf der Nadel sind, diese Schlingen zusammen abhäkeln.

Abnahme von mehreren leeren Kästchen

Am Anfang der Reihe:
Mit Kettmaschen bis zum gewünschten
Stäbchen gehen, 5 Luftmaschen,
1 Stäbchen auf das nächste Stäbchen
der Vorreihe.

Am Ende der Reihe:
Die gewünschte Anzahl von Kästchen
der Vorreihe unbehäkelt lassen.
Um das Überhäkeln mit Kettmaschen
am Anfang der Reihe zu vermeiden,

die letzte Reihe wie folgt beenden:
1 Stäbchen bis auf 2 Schlingen abmaschen, für ein Mittelkästchen 3 Umschläge, in das Stäbchen der Vorreihe
einstechen, den Faden holen und
2 Schlingen abmaschen, für das Randkästchen 3 Umschläge, einstechen und
den Faden holen, alle Schlingen auf der
Nadel paarweise abhäkeln, die letzten
3 Schlingen zusammen abmaschen.

Abnahme von einem vollen Kästchen

Am Anfang der Reihe:
Mit Kettmaschen bis zum viertletzten Stäbchen der Vorreihe gehen, 3 Luftmaschen für das 1. Stäbchen der neuen Reihe.

Am Ende der Reihe:
Das letzte Kästchen der Reihe unbehäkelt lassen.
Um das Überhäkeln mit Kettmaschen am Anfang der Reihe zu vermeiden, wie folgt arbeiten:
4 Stäbchen jeweils halb abmaschen, so daß insgesamt 5 Schlingen auf der Nadel liegen, diese Schlingen paarweise abhäkeln, die letzten 3 Schlingen zusammen abmaschen. Die nächste Reihe beginnt mit 3 Luftmaschen für das 1. Stäbchen.

Abnahme von mehreren vollen Kästchen

Am Anfang der Reihe:
Mit Kettmaschen über die Stäbchen der gewünschten Kästchen gehen, 3 Luftmaschen für das 1. Stäbchen der neuen Reihe.

Am Ende der Reihe:
Die gewünschte Anzahl von Kästchen der Vorreihe unbehäkelt lassen.
Um das Überhäkeln mit Kettmaschen am Anfang der Reihe zu vermeiden,

die letzte Reihe wie folgt beenden:
Ab der Ausgangsposition für die nächste Reihe alle noch folgenden Stäbchen halb abmaschen; auf der Nadel liegen jetzt 1 Schlinge der letzten Masche und je 1 Schlinge von jedem Stäbchen. Die Schlingen paarweise abhäkeln, die letzten 3 Schlingen zusammen abmaschen. Die nächste Reihe beginnt mit 3 Luftmaschen für das 1. Stäbchen.

Quadrate aus der Mitte gehäkelt

Leere Kästchen mit gerader Anzahl

Beginn und 1. Runde: 9 Luftmaschen, in die Anfangsluftmasche 1 Stäbchen, 5 Luftmaschen, 1 Stäbchen, 5 Luftmaschen, 1 Stäbchen, noch einmal 5 Luftmaschen und die
Runde mit 1 Kettmasche in die 4. Anfangsluftmasche
schließen.
2. Runde: 5 Luftmaschen, *in die Eckmasche der Vorrunde
1 Stäbchen, 5 Luftmaschen, 1 Stäbchen in die gleiche Eckmasche der Vorrunde, 2 Lüftmaschen, 1 Stäbchen auf das
Stäbchen der Vorrunde, 2 Luftmaschen*. Die Runde endet
mit 1 Kettmasche in die 3. Anfangsluftmasche.

Volle Kästchen mit gerader Anzahl

Beginn und 1. Runde: 7 Luftmaschen, in die ersten 3 Luftmaschen je 1 Stäbchen, *3 Luftmaschen, 2 Stäbchen in das
zuletzt gehäkelte Stäbchen, 1 Stäbchen in die Anfangsluftmasche*. Die Runde mit 1 Kettmasche in die 4. Anfangsluftmasche schließen.
2. Runde: 5 Luftmaschen, *1 Stäbchen in die Eckmasche der
Vorrunde, 3 Luftmaschen, 2 Stäbchen in das zuletzt gearbeitete Stäbchen, 1 Stäbchen in die gleiche Eckmasche der
Vorrunde, 2 Luftmaschen, 1 Stäbchen, 2 Luftmaschen*. Die
Runde mit 1 Kettmasche in die 3. Anfangsluftmasche
schließen.

Leere Kästchen mit ungerader Anzahl
Beginn: 9 Luftmaschen, 1 Stäbchen in die 1. Luftmasche.
1. Runde: 8 Luftmaschen, 1 Stäbchen in das Stäbchen der Vorreihe, 2 Luftmaschen, 1 Stäbchen in die Anfangsluftmasche, 5 Luftmaschen, 1 Stäbchen wieder in die Anfangsluftmasche, 2 Luftmaschen, 1 Stäbchen in die 4. Anfangsluftmasche, 5 Luftmaschen, 1 Stäbchen wieder in die 4. Anfangsluftmasche, 2 Luftmaschen, 2 Stäbchen in die 7. Anfangsluftmasche, 5 Luftmaschen, 1 Stäbchen wieder in die 7. Anfangsluftmasche, 2 Luftmaschen. Die Runde mit 1 Kettmasche in die 3. Luftmasche am Rundenbeginn schließen.

Beginn: 12 Luftmaschen, 1 Doppelstäbchen in die 1. Luftmasche.
1. Runde: 11 Luftmaschen, 1 Doppelstäbchen in das 1. Doppelstäbchen, 3 Luftmaschen, 1 Doppelstäbchen in die Anfangsluftmasche, 7 Luftmaschen, 1 Doppelstäbchen wieder in die Anfangsluftmasche, 3 Luftmaschen, 1 Doppelstäbchen in die 5. Anfangsluftmasche, 7 Luftmaschen, 1 Doppelstäbchen wieder in die 5. Anfangsluftmasche, 3 Luftmaschen, 1 Doppelstäbchen in die 9. Anfangsluftmasche, 7 Luftmaschen, 1 Doppelstäbchen wieder in die 9. Anfangsluftmasche, 3 Luftmaschen. Die Runde mit 1 Kettmasche in die 4. Luftmasche am Rundenbeginn schließen.

Volle Kästchen mit ungerader Anzahl
Beginn: 7 Luftmaschen, in die ersten 3 Luftmaschen je 1 Stäbchen.
1. Runde: 6 Luftmaschen, in die ersten 2 Luftmaschen je 1 Stäbchen, 1 Stäbchen auf das Stäbchen am Beginn, 2 Luftmaschen, 1 Stäbchen in die Anfangsluftmasche, 3 Luftmaschen, 2 Stäbchen in das zuletzt gearbeitete Stäbchen, 1 Stäbchen in die Anfangsluftmasche, 2 Luftmaschen, 1 Stäbchen in die 4. Anfangsluftmasche, 3 Luftmaschen, 2 Stäbchen in das zuletzt gearbeitete Stäbchen, 1 Stäbchen in die 4. Anfangsluftmasche, 2 Luftmaschen, 1 Stäbchen in die 7. Anfangsluftmasche, 3 Luftmaschen, 2 Stäbchen in das zuletzt gearbeitete Stäbchen, 1 Stäbchen in die 7. Anfangsluftmasche, 2 Luftmaschen. Die Runde mit 1 Kettmasche in die 3. Luftmasche am Rundenbeginn schließen.

Beginn: 9 Luftmaschen, in die ersten 4 Luftmaschen je 1 Doppelstäbchen.
1. Runde: Nach der Zeichnung im gleichen Prinzip wie mit einfachen Stäbchen arbeiten.

Halbgardine

138 cm breit und 53 cm hoch.

Material

Baumwoll-Cablé-Garn,
Lauflänge 50 g = 230 m,
Farbe Ecru – 350 g;
Häkelnadel Nr. 2,2.

Maschenprobe

43 Maschen und 16 Reihen =
10x10 cm.

Anschlag

550 Luftmaschen.

Anleitung

Bei dem angegebenen Maß wurden
drei Mustersätze in der Breite gearbeitet. Durch Hinzufügen oder Weglassen
von Mustersätzen kann die Größe
beliebig variiert werden.
Die Gardine nach der Zeichnung
häkeln. Das fertige Teil leicht spannen
und dämpfen.

Mustersatz

Zeichenerklärung
□ = 1 Stäbchen, 2 Luftmaschen,
2 Maschen übergehen.
⊞ = 3 Stäbchen.

Tischdecke

Durchmesser 180 cm.

Material

Mercerisiertes Baumwollgarn,
Lauflänge 50 g = 134 m,
Farbe Braun – 1000 g;
Häkelnadel Nr. 3.

Maschenprobe

31 Maschen und 10 Reihen =
10x10 cm.

Anschlag

49 Luftmaschen.

Anleitung

Die Decke nach der Zeichnung häkeln,
das fertige Teil leicht spannen, anfeuchten und trocknen lassen.

Zeichenerklärung

☐ = 1 Stäbchen, 2 Luftmaschen,
2 Maschen übergehen.
Ⅲ = 3 Stäbchen.

Beginn

Nachthemd mit gehäkelter Passe

Oberweite 88 cm.

Material

Glanzhäkelgarn Nr. 50,
Lauflänge 10 g = 159 m,
Farbe Weiß – 60 g;
Häkelnadel Nr. 1,25,
weißen Batist, 2,40 m bei 90 cm Breite.

Maschenprobe

70 Maschen und 29 Reihen =
10x10 cm.

Anschlag

595 Luftmaschen.

Anleitung

Nach der Musterzeichnung die Passe
häkeln, dabei den Mustersatz 11mal in
der Breite arbeiten. Für die Träger
4 mal Reihe 1–8 auf 50 cm Länge
häkeln.

Die Teile nach Schnitt leicht spannen
und dämpfen. Die hintere Passennaht
schließen und die Träger festnähen.
Den Stoff in zwei Teile à 1,20 m teilen
und die Seitennähte schließen. An der
Oberkante den Stoff in kleine Fältchen
legen, bis die Passenbreite erreicht ist.
Die Passe aufnähen und die untere
Stoffkante 2 cm breit säumen.

Zeichenerklärung

☐ = 1 Stäbchen, 2 Luftmaschen,
2 Maschen übergehen.
▥ = 3 Stäbchen.

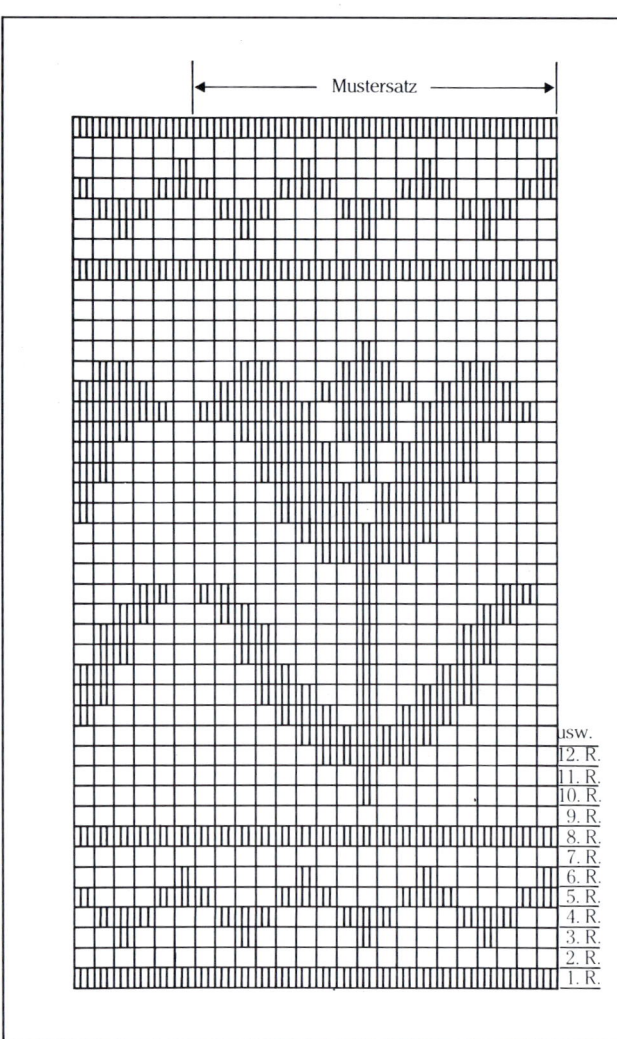

Mustersatz

usw.
12. R.
11. R.
10. R.
9. R.
8. R.
7. R.
6. R.
5. R.
4. R.
3. R.
2. R.
1. R.

43
50
15
175
110
88

Bettüberwurf

238 cm lang und 143 cm breit.

Material

Glanzhäkelgarn Nr. 20,
Lauflänge 10 g = 64 m,
Farbe Weiß – 980 g;
Häkelnadel Nr. 1,25,
geblümten Baumwollstoff, 9,80 m bei
90 cm Breite,
Einlagevlies, 2,45 m bei 1,60 m Breite.

Anleitung

Nach der Musterzeichnung 39 Quadrate mit Randspitze häkeln. Jedes Quadrat hat 21,5 cm Seitenlänge. Die fertigen Teile leicht spannen und dämpfen.

Den Stoff in vier Stücke à 2,45 m teilen und je zwei Teile an den Längsseiten zusammennähen. Auf einem dieser großen Teile mit Heftfaden alle Linien der Verteilerskizze markieren. Das zweite Stoffstück rechts auf rechts und das Vlies daraeuflegen und an der markierten Außenlinie verstürzt zusammennähen. Die Decke wenden und von rechts den Rand, die Längs- und Querlinien absteppen. Nach der Verteilerskizze die Häkelquadrate auflegen und von Hand festnähen.

Zeichenerklärung

□ = 1 Stäbchen, 2 Luftmaschen,
2 Maschen übergehen.
Ⅲ = 3 Stäbchen.

Musterzeichnung für ein Quadrat

Verteilerskizze

aufgenähtes Häkelquadrat

Das Verbinden von Häkelquadraten

Neben Quadraten lassen sich auf diese Weise auch gehäkelte Streifen und umhäkelte Stoffteile wirkungsvoll miteinander verbinden.

Zunächst zwei Quadrate an einer Seite miteinander verbinden: *1 Stäbchen in das untere Quadrat, 1 Stäbchen in das obere Quadrat, 2 Luftmaschen*. Auf diese Weise von den rechten zu den linken Ecken arbeiten. Aus den zusammengesetzten Vierecken entstehen so Streifen.

Die Streifen werden nun an den Längsseiten miteinander verbunden: *1 Stäbchen in den unteren Streifen, 1 Stäbchen in den oberen Streifen, 2 Luftmaschen*. An den Kreuzungspunkten je 1 Stäbchen in die Ecken, 2 Luftmaschen, je 1 Stäbchen in die Mitte der bereits gearbeiteten Verbindungen, 2 Luftmaschen, je 1 Stäbchen in die Ecken.

Diese Häkelverbindung ist einfach und schlicht, dadurch wirken die Muster in den Flächen besonders gut.

Ein Quadrat umhäkeln mit *1 feste Masche, 5 Luftmaschen*. In die Ecken jeweils 1 feste Masche, 7 Luftmaschen, 1 feste Masche. Beim Umhäkeln des nächsten Quadrates bereits eine Seite an das letzte Quadrat anschließen: *1 feste Masche, 2 Luftmaschen, 1 Kettmasche um den Luftmaschenbogen der Gegenseite, 2 Luftmaschen*. In die Ecke 1 feste Masche, 3 Luftmaschen, 1 Kettmasche in die 4. Eckluftmasche des letzten Quadrates, 3 Luftmaschen, 1 feste Masche.

Das 3. Quadrat ebenfalls beim Umhäkeln an eine Seite des 2. Vierecks anschließen. Das 4. Quadrat mit einer Seite an das 3. und der nächsten Seite an das 1. Quadrat anhängen.

Diese Art des Zusammenhäkelns ist sehr dekorativ, es lassen sich damit auch leicht Unregelmäßigkeiten an den Rändern ausgleichen.

Ein Quadrat umhäkeln mit *1 feste Masche, 2 Luftmaschen*. An den Ecken jeweils 3 Luftmaschen zwischen die festen Maschen arbeiten. Zwei Seiten bereits mit den nächsten Quadraten zusammenarbeiten: 1 feste Masche in das 1. Quadrat, 1 feste Masche in das benachbarte Quadrat, 1 Luftmasche. Das 4. Quadrat auf die gleiche Weise mit den letzten Vierecken verbinden. In die Ecke 1 feste Masche, 1 Luftmasche,

1 Kettmasche in die mittlere Luftmasche des letzten Eckbogens, 1 feste Masche.

Diese Verbindung ist sehr schmal und unauffällig. Bei größeren Arbeiten kann man die Einzelteile sehr gut treppenartig zusammenhäkeln.

Ein Quadrat umhäkeln mit *2 zusammen abgemaschten Stäbchen, 2 Luftmaschen*. In die Ecken jeweils 2 zusammen abgemaschte Stäbchen, 5 Luftmaschen, 2 zusammen abgemaschte Stäbchen. Zwei Seiten bereits mit den nächsten Vierecken zusammenarbeiten: *2 zusammen abge-

maschte Stäbchen in das 1. Quadrat, 2 zusammen abgemaschte Stäbchen in das benachbarte Quadrat, 1 Luftmasche*.
Das 4. Quadrat auf die gleiche Weise mit den letzten Vierecken verbinden. In die Ecke: 2 zusammen abgemaschte Stäbchen, 2 Luftmaschen, 1 Kett-

masche in die mittlere Luftmasche des letzten Eckbogens, 2 zusammen abgemaschte Stäbchen.
Diese kompakte Häkelverbindung eignet sich besonders gut für offene Gitterränder und Muster, die einen optischen Halt brauchen. Man kann ebenfalls sehr gut treppenartig zusammenhäkeln.

Tischdecke

110x110 cm

Material

Baumwollhäkelgarn,
Lauflänge 50 g = 265 m,
Farbe Weiß – 500 g;
Häkelnadel Nr. 1,75.

Anleitung

Die Tischdecke besteht aus 36 einzelnen, 15x15 cm großen Quadraten, die in Reihen oder aus der Mitte gehäkelt werden können. Aus den beiden Mustern je 18 Quadrate nach der Zeichnung häkeln und miteinander verbinden. Das Zusammenhäkeln ist auf Seite 126 genau erklärt. Die fertige Decke leicht spannen und dämpfen.

Zeichenerklärung

□ = 1 Stäbchen, 2 Luftmaschen, 2 Maschen übergehen.
⊞ = 3 Stäbchen.

Filethäkelei

Verkürzte Reihen

Schulterschrägungen, eingehäkelte
Abnäher und flache Halsausschnitte
können sehr gut mit verkürzten Reihen
gearbeitet werden.
Am Anfang der Reihe:
1 Luftmasche, 1 Kettmasche, 2 feste
Maschen, 2 halbe Stäbchen, Stäbchen.
Am Ende der Reihe:
Die letzten Maschen der Reihe, also
2 Stäbchen, 2 halbe Stäbchen und
2 feste Maschen, nur jeweils halb abmaschen, alle auf der Nadel liegenden
Schlingen paarweise abhäkeln, die letzten 3 Schlingen zusammen abmaschen.
Auf diese Weise entsprechend oft
abnehmen. Es entstehen so ein- oder
beidseitig schräge Ränder.
Um den Rand exakt auszugleichen,
noch einmal eine Reihe Stäbchen dar-
überhäkeln. Die Maschenanzahl dieser
Reihe ist gleich mit der Anzahl in der
letzten Reihe vor dem Verkürzen.

Zu- und Abnehmen am Rand

Für glatte schräge Ränder, wie bei Ärmeln, werden keine ganzen Kästchen, sondern nur einzelne Maschen zu- oder abgenommen. Verläuft die Schräge steiler, werden zwischen den Reihen mit Zu- oder Abnahmen eine oder mehrere Reihen glatt gearbeitet.

Zunehmen

Am Anfang der Reihe mit 3 Luftmaschen wenden. 1 Stäbchen in das letzte Stäbchen der Vorreihe. Am Ende der Reihe 2 Stäbchen in die 3. Wendeluftmasche. Am Anfang der nächsten Reihe 4 Luftmaschen zum Wenden, 1 Stäbchen auf das 2. Stäbchen der Vorreihe. Am Reihenende 1 Stäbchen, 1 Luftmasche, 1 Stäbchen in die 3. Wendeluftmasche.

Abnehmen

Am Anfang der Reihe mit 3 Luftmaschen wenden, 1 Stäbchen auf das Stäbchen der Vorreihe. Am Ende der Reihe 1 Stäbchen auf das Stäbchen der Vorreihe, 1 Stäbchen in die 3. Wendeluftmasche. Am Anfang der nächsten Reihe 2 Luftmaschen, 1 Stäbchen auf das 2. Stäbchen der Vorreihe. Am Reihenende 1 Stäbchen auf das Stäbchen der Vorreihe und 1 Stäbchen in die 3. Wendeluftmasche zusammen abgemascht.

Netzpulli
Größe 40.

Material
Qualität „Ibiza" von Austermann,
Lauflänge 50 g = 75 m,
Farbe Nr. 4 – 400 g;
Häkelnadel Nr. 4,
Stricknadeln Nr. 3,5.

Häkelmuster
Siehe Zeichnung.

Randmuster
Glatt links.

Maschenprobe
19 Maschen und 8 Reihen = 10x10 cm.

Anschlag
Vorder- und Rückenteil 81 Luftmaschen.

Anleitung
Die Teile nach der Muster- und Schnitt-
zeichnung häkeln.

Fertigstellung
Die Schulternähte schließen. Die Seitennähte 28 cm hoch schließen. Für das
Taillenbündchen 148 Maschen auffassen und 6 cm glatt links stricken. Für
die Ärmelbündchen je 52 Maschen und
für die Halsblende 96 Maschen aufnehmen und jeweils 6 cm glatt links
stricken. Alle Blenden zur Hälfte nach
innen schlagen und festnähen.

Borte mit Schneeglöckchen

Mustersatz

Blumenborte

Mustersatz

Rosenbordüre

Mustersatz

Borte mit Blättern

Muster-satz

Bogenbordüre

Mustersatz

Zackenbordüre

Mustersatz

Bordüre mit Arabesken

Mustersatz

Wellenbordüre

Mustersatz

Die Eckbildung bei Filethäkelspitzen

Abb. A

Abb. B

Bei Filethäkelspitzen läßt sich leicht eine Ecke bilden, indem man einen rahmenlosen Taschenspiegel genau diagonal auf die Musterzeichnung (A) stellt und so lange verschiebt, bis sich eine gute Ecklösung zeigt. Diese wird auf Karopapier übertragen (B). Nach einer solchen Zeichnung kann nun in Reihen oder in Runden gearbeitet werden. Auf der Zeichnung C sehen Sie die genaue Ecke des oberen Musters, wie es in Runden gehäkelt wird. Jede Runde beginnt mit 3 Luftmaschen anstelle des 1. Stäbchens und wird mit 1 Kettmasche in die 3. Anfangsluftmasche geschlossen.

Abb. C

11. Rd.
10. Rd.
9. Rd.
8. Rd.
7. Rd.
6. Rd.
5. Rd.
4. Rd.
3. Rd.
2. Rd.
1. Rd.

Beginn

Abb. 1

Abb. 2

Abb. 3

Filethäkelspitze mit Eckbildung

Diese einfache Häkelspitze mit geraden Rändern wird in hin- und hergehenden Reihen gearbeitet. Sie eignet sich sehr gut für Einsätze.

Abb. 1
Hier wird der Arbeitsverlauf bis zur äußeren Ecke gezeigt, das entspricht dem grauen Teil der Symbolzeichnung. Ab der inneren Ecke werden die Reihen um jeweils 1 Kästchen verkürzt, bis mit dem letzten Kästchen die äußere Ecke erreicht ist.

Abb. 2
Nun wird die Arbeit um 90° gedreht. In hin- und hergehenden Reihen arbeiten und jeweils in der Mitte der Ecke an den ersten Arbeitsgang nach der Zeichnung anhängen. Die Abbildung zeigt den Beginn der 10. Reihe nach der äußeren Ecke.

Abb. 3
Hier sehen Sie die Spitze mit fertiger Eckbildung.

Beginn

Diese Spitze mit einem Zackenrand ist eine Variation der letzten Spitze. Die einzelnen Arbeitsschritte sind gleich. Auch hier wurde die Ecke gespiegelt (siehe Seite 141). Diese Spitze mit einem hübschen Randverlauf eignet sich sehr gut als Abschluß um Tischdecken oder Kissen.

Beginn

Abb. 1

Abb. 3

Abb. 2

Filethäkelspitze mit Eckbildung

Abb. 1
Hier wird der Arbeitsverlauf bis zur äußeren Ecke gezeigt, das entspricht dem grauen Teil der Symbolzeichnung. Ab der inneren Ecke werden die Reihen um jeweils 1 Kästchen verkürzt, bis mit dem letzten Kästchen die äußere Ecke erreicht ist.

Abb. 2
Nun wird die Arbeit um 90 Grad gedreht. In hin- und hergehenden Reihen arbeiten und jeweils in der Mitte der Ecke an den ersten Arbeitsgang nach der Zeichnung anhängen. Die Abbildung zeigt den Übergang von der 11. zur 12. Reihe nach der äußeren Ecke.

Abb. 3
Hier wird die Spitze mit fertiger Eckbildung gezeigt.

136

Der Pfiff liegt bei dieser dekorativen Spitze in einer sogenannten Spinne als Blütenmitte, die aus Luftmaschen und festen Maschen gearbeitet wird. In der Ecke stoßen 2 Blüten aneinander.

Mustersatz

Mit diesen Spitzen können die verschiedensten Wäschestücke und Heimtextilien verschönert werden. Sie sind problemlos in jeder gewünschten Länge zu arbeiten. Da man nur ein Knäuel Garn und eine Häkelnadel braucht, die leicht in der Handtasche Platz finden, eignen sich diese Handarbeiten gut für Reise und Urlaub.

Zackenborte

Bogenspitze

Bogenbordüre mit Rand-pikots

Sonnenspitze

19. R.
18. R.
17. R.
16. R.
15. R.
14. R.
13. R.
12. R.
11. R.
10. R.
9. R.
8. R.
7. R.
6. R.
5. R.
4. R.
3. R.
2. R.
1. R.

Beginn

141

Rautenborte mit Bogenrand

Durchbruchspitze

Breite Zackenspitze

Fächerborte

Beginn

1. R.
2. R.
3. R.
4. R.
5. R.
6. R.
7. R.

Randspitze für Kinderschürze

Breite 7 cm, Länge 70 cm.

Material
Perlgarn Nr. 8,
Farbe Flieder – 40 g;
Häkelnadel Nr. 1,25.

Anleitung
Nach der Symbolzeichnung zwei 70 cm
lange Borten häkeln. Die fertigen Teile
leicht spannen, dämpfen und an die
Schürze nähen.

5. R.

4. R.

3. R.

2. R.

1. R.

Beginn

Häkelkragen

Halsweite 40 cm, Breite 7 cm.

Material

Glanzhäkelgarn Nr. 20,
Lauflänge 10 g = 64 m,
Farbe Weiß – 20 g;
Häkelnadel Nr. 2.

Anleitung

Anschlag 155 Luftmaschen.
Den Kragen nach der Symbolzeichnung häkeln. Das fertige Teil leicht
spannen und dämpfen.

Rand

148

Kinderkragen

Halsweite 27 cm, Breite 6 cm.

Material

Glanzhäkelgarn Nr. 20,
Lauflänge 10 g = 64 m,
Farbe Weiß – 20 g;
Häkelnadel Nr. 1,5.

Anleitung

Anschlag 103 Luftmaschen.
Nach der Symbolzeichnung häkeln. Für
die Zunahmen in der 2., 5. und 8. Reihe
jede zweite Stäbchengruppe doppelt
arbeiten, insgesamt 9 Reihen. Am inneren Rand des Kragens beidseitig je eine
20 cm lange Luftmaschenkette anhäkeln. Über diese Ketten und den Halsrand des Kragens 2 Reihen feste
Maschen häkeln.

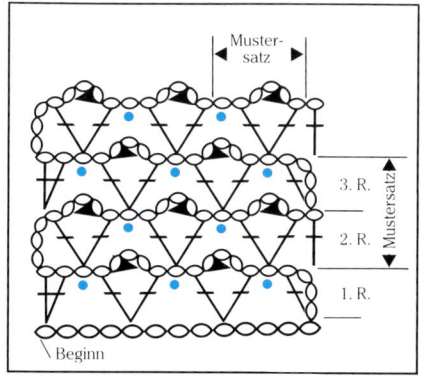

Für das Verschönern von Stoffkanten mit Häkelspitzen gibt es mehrere Möglichkeiten. Die Häkel- oder Nahtverbindungen sollten aber immer sehr exakt ausgeführt werden. Natürlich müssen auch Stoff und Spitze qualitativ und farblich gut aufeinander abgestimmt sein.

Zunächst wird der Stoff fadengerade abgeschnitten und der Saum so breit umgebügelt, wie die festen Maschen später eingestochen werden. Die Stoffkante nun mit Heftstichen befestigen (Abb. 1). Bei feineren Stoffen, wie Batist und Seide, kann der Saum auch gerollt werden.

Die Abbildung 2 zeigt den fertig gehefteten Saum von der rechten Seite. Die Stoffkante wird nun mit festen Maschen umhäkelt und zwar mit dem Garn, aus dem die Spitze gearbeitet ist (Abb. 3). Dabei läßt man zwischen den Maschen so viele Gewebefäden Abstand, daß die Häkelreihe gerade liegt. Sie darf weder spannen noch wellen. Bei dichtgewebten Stoffen empfiehlt es sich, diese Reihe mit einer etwas dünneren Häkelnadel zu arbeiten. Eine andere Möglichkeit, um besser einstechen zu können, ist das Ausziehen eines Gewebefadens. Auf der Abbildung 4 ist der Saum mit einer Hohlnaht gesichert. Beim Häkeln wird in die Zwischenräume der gebündelten Gewebefäden eingestochen.

Auf der Abbildung 5 sind mehrere Gewebefäden ausgezogen und ein doppelter Hohlsaum gearbeitet. Es ist sehr wichtig, daß die Anzahl der umhäkelten festen Maschen mit dem Mustersatz der Spitze übereinstimmt. Um bei Eckbildungen das Zählen zu vermeiden, arbeitet man den Saum vorerst nur auf einer Seite. Auf die festen Maschen wird gleich mit einem neuen Knäuel die 1. Musterreihe gehäkelt und die Ecke festgelegt. Erst dann wird der Saum der 2. Seite umgebügelt und umhäkelt (Abb. 6).

Abb. 1

Abb. 2

Abb. 3

Abb. 4

Abb. 5

Abb. 6

Die Spitze wird in der gewünschten Länge über einen Luftmaschenanschlag gearbeitet und gespannt. Beim Umhäkeln des Stoffes sticht man zunächst in das Gewebe ein und dann in das untere Luftmaschenglied der Spitze. Nun den Faden umschlagen und durchziehen. Die festen Maschen wie gewohnt beenden.

Zunächst wird die Spitze in der entsprechenden Länge gearbeitet, gespannt und der Stoff mit festen Maschen umhäkelt. Die Verbindung besteht aus festen Maschen, getrennt durch je 2 Luftmaschen, die abwechselnd in den Stoffabschluß und die Häkelspitze gearbeitet werden.

Die Spitze häkeln und spannen. Beim Umhäkeln des Stoffes wird die Spitze mit angehängt: 3 feste Maschen um den Stoff, *1 Luftmasche, 1 feste Masche in die Häkelspitze, 1 Luftmasche, nach einigen Gewebefäden Abstand 3 feste Maschen um den Stoff*.

151

Hier werden um den Stoff Feston- oder Knopflochstiche gearbeitet und bei jedem Stich 1 Masche am Rand der Häkelspitze mitgefaßt. Die Abbildung 1 zeigt die Vorderseite und die Abbildung 2 die Rückseite.

Vorderseite

Rückseite

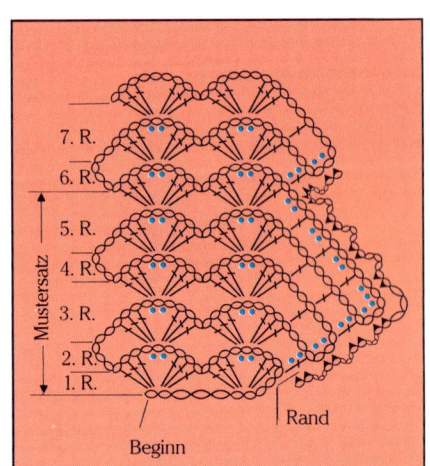

Diese Spitze wird in der gewünschten Länge gearbeitet, gespannt und der Stoff mit festen Maschen umhäkelt. Die beiden Teile werden zusammengenäht, indem abwechselnd die rückwärtigen Maschenglieder einer festen Masche und 1 Masche der Häkelspitze aufgefaßt werden. Die Abbildung 3 zeigt die Vorderseite und die Abbildung 4 die Rückseite.

Vorderseite

Rückseite

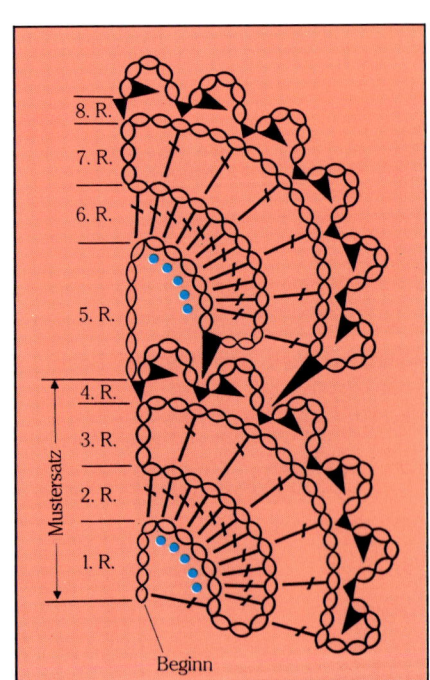

Diese Spitze wird über einen Luftmaschenanschlag gehäkelt und bekommt als Abschluß an der unteren Kante 1 Reihe feste Maschen. Den Stoff mit festen Maschen so umhäkeln, daß die Anzahl von festen Maschen an Stoff und Spitze gleich sind. Die beiden Teile werden mit Vorstichen zusammengenäht, die zwischen den Abmaschgliedern der festen

Maschen gearbeitet werden: *in die feste Masche am Stoffrand einstechen, bei der gegenüberliegenden festen Masche der Spitze ausstechen, in die nächste feste Masche einstechen und bei der gegenüberliegenden festen Masche am Stoffrand ausstechen*.

Eine Häkelverbindung über Eck wird hier an einer einfachen fortlaufenden Spitze gezeigt: *1 feste Masche auf den Stoffabschluß, 2 Luftmaschen, 1 feste Masche um den Luftmaschenbogen der Spitze, 2 Luftmaschen, 3 Maschen am Stoffrand übergehen*. An der Ecke werden mit den festen Maschen jeweils 2 Luftmaschenbögen der Spitze zusammengefaßt und nur je 1 Masche am Stoffrand übergangen.

Die Taschentuchspitzen auf den folgenden Seiten sind mit Spitzengarn gearbeitet. Bis zu einer Breite von 1,5 cm benötigt man für ein Tuch 1 Knäuel Garn, für breitere Spitzen 2 Knäuel. Tücher mit gesticktem Lochrand gibt es im Fachhandel, man kann aber auch Batist oder Seide vom Meter umhäkeln (siehe Seite 162). Als Basis für die Häkelspitzen dient 1 Reihe feste Maschen, Tücher mit Lochrand werden umhäkelt mit 1 Reihe: *1 feste Masche, 1 Luftmasche*. Diese Grundreihe ist in den Symbolzeichnungen nicht dargestellt. Natürlich können die Häkelspitzen auch aus stärkerem Garn gearbeitet werden und andere Textilien verzieren.

Spitzen an geraden Kanten

Blaue Spitze
Breite 2 cm.

Rosafarbene Spitze
Breite 2 cm.

Mustersatz

Ecke

10.
9.
8.
7.
6.
5. Runde
4. Runde
3. Runde
2. Runde
1. Runde

Gelbe Spitze
Breite 4 cm.

Mustersatz

Ecke

3. Runde

2. Runde

1. Runde

Grüne Spitze
Breite 2,5 cm.

Spitzen an geraden Kanten

Ecke

Mustersatz

5. Rd.
4. Rd.

3. Rd.

2. Rd.
1. Rd.

Blau-ombréfarbene Spitze
Breite 2 cm.

Mustersatz

Ecke

4. Rd.
3. Rd.
2. Rd.

1. Rd.

Rost-ombréfarbene Spitze
Breite 2 cm.

Ecke

Mustersatz

◄ 2. Rd.

◄ 1. Rd.

Grün-ombréfarbene Spitze
Breite 2 cm.

Mustersatz

Ecke

4. Rd.

3. Rd.

2. Rd.

1. Rd.

Gelb-ombréfarbene Spitze
Breite 1,5 cm.

Spitzen an gebogten Kanten

Mustersatz

Ecke

3. Runde
2. Runde
1. Runde

Türkis-ombréfarbene Spitze
Breite 1,5 cm.

Mustersatz

Ecke

4. Rd.
3. Rd.
2. Rd.
1. Rd.

Fliederfarbene Spitze
Breite 2 cm.

Ecke

Mustersatz

5. Rd.

4. Rd.

3. Rd.

2. Rd.

1. Rd.

Gelbe Spitze
Breite 1,5 cm.

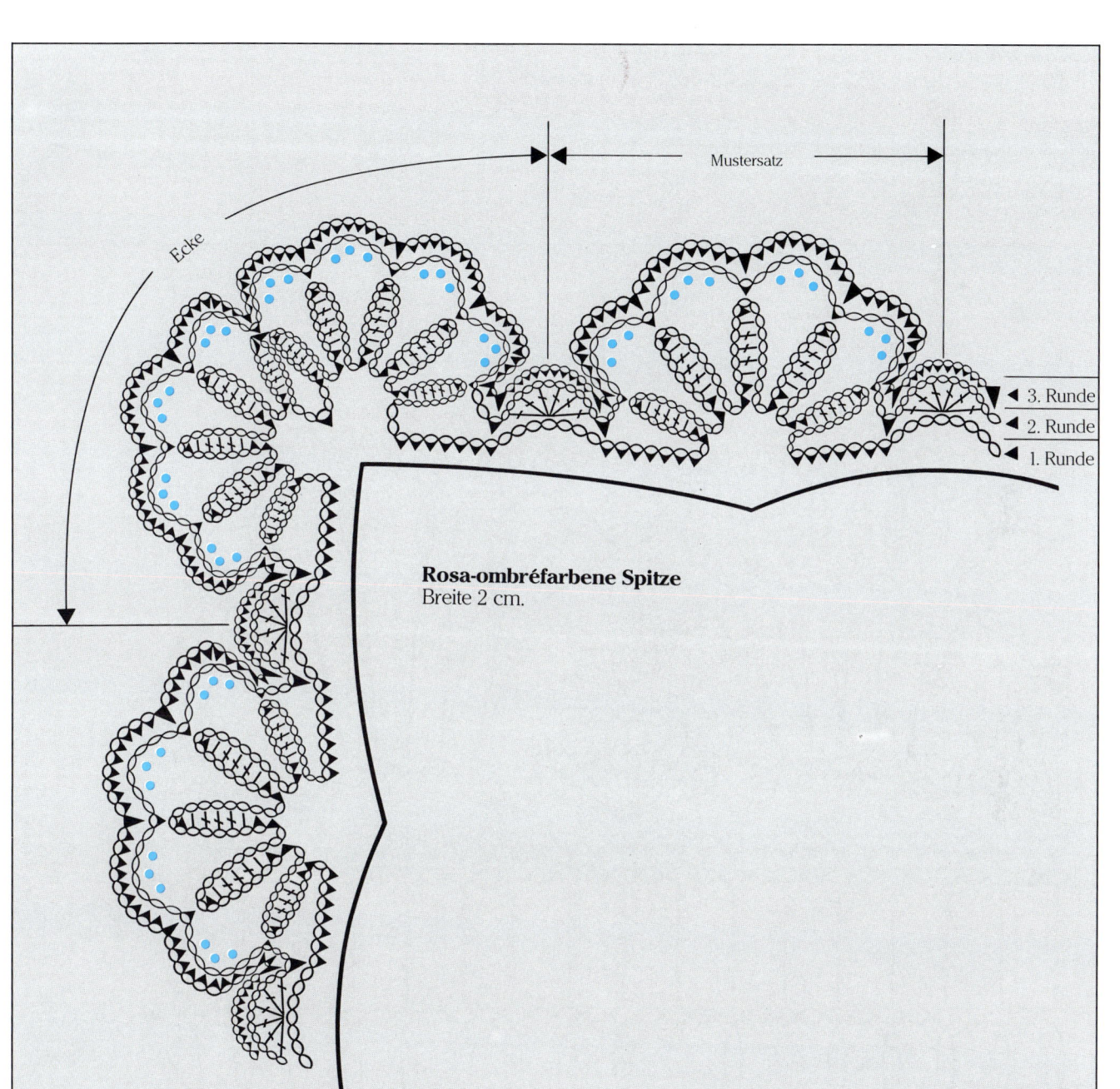

Mustersatz

Ecke

3. Runde

2. Runde

1. Runde

Rosa-ombréfarbene Spitze
Breite 2 cm.

Rockbordüre

5 cm breit und 200 cm lang.

Material

Mercerisiertes Baumwollgarn,
Lauflänge 50 g = 153 m,
Farbe Ecrú – 50 g;
Häkelnadel Nr. 1,75.

Anleitung

Den Rocksaum umhäkeln mit 1 Reihe:
∗1 feste Masche, 1 Luftmasche∗. Die
Borte nach der Zeichnung anhäkeln.

Mustersatz

7. Runde

6. Runde

5. Runde

4. Runde

3. Runde

2. Runde

1. Runde

Tischdecke

Durchmesser 150 cm.

Material

Mercerisiertes Baumwollgarn,
Lauflänge 50 g = 306 m,
Farbe Rosa – 150 g;
Häkelnadel Nr. 1,5;
140 cm Baumwollstoff, 140 cm breit.

Muster

1. Runde: *8 Luftmaschen, 3mal 7 Luftmaschen und 1 Kettmasche in die
8. Luftmasche*. Die Runde endet mit
1 Kettmasche in die Anfangsluftmasche.
2. Runde: *8 Luftmaschen, 3mal 7 Luftmaschen und 1 Kettmasche in die
8. Luftmasche, 7 Luftmaschen, 1 feste
Masche von hinten in die Mitte der
Blüte der Vorreihe*. Die Runde endet
mit einem fünffachen Stäbchen in eine
Blüte.
2. Runde: fortlaufend wiederholen.

Maschenprobe

6 Mustersätze in der Breite und 5 Reihen = 10 x 6 cm.

Außenkreis

Im Muster häkeln, dabei die 1. Runde
4,30 m lang arbeiten.

Innenkreis

Im Muster häkeln, jedoch in der
1. Runde statt der 8 Luftmaschen nur
jeweils 5 Luftmaschen arbeiten. Diese
Runde ist 1,50 m lang.

Fertigstellung

Die beiden Bordüren kreisförmig auf-
stecken und dämpfen. Den Stoff mit
1,40 m Durchmesser rund zuschneiden
und abkurbeln. Den Saum ½ cm breit
umbücken und knappkantig absteppen.
Den Außenkreis auf der Naht festnähen. Vom Mittelpunkt ausgehend einen
Kreis mit 48 cm Durchmesser mit Heftfaden markieren und den Innenkreis
darauf nähen. Die äußeren Blüten
ebenfalls festnähen.

Motivmuster

Einzelne Häkelmotive kann man sehr gut miteinander verbinden. So entstehen beliebig große Flächen für Decken, Läufer, Kissenhüllen usw.
Zunächst wird ein Motiv fertiggehäkelt. Das 2. Motiv wird mit Kettmaschen an das 1. angehängt, das 3. Motiv an das 2. und das 4. Motiv schließt an das 1. und 3. Muster. Ergeben sich dabei größere Zwischenräume, wird ein Verbindungsmotiv eingefügt.

Kreismotive mit einfacher Mittelverbindung

Abb. 1
Hier entsteht die Abschlußrunde des 1. Motives.

Abb. 2
Der große Zwischenraum wird gefüllt mit Luftmaschen und Stäbchen, die in die Picots der Motive eingestochen werden.

Abb. 3
Fertige Musterverbindung.

Kreismotive mit kreuzförmiger Mittelverbindung

Abb. 1
Hier entsteht die vorletzte Runde des
1. Motives.

Abb. 2
Die Mittelverbindung wird in der letzten
Runde des 4. Motives mit Luftmaschen
und Kettmaschen gearbeitet.

Abb. 3
Fertige Musterverbindung.

Quadratische Motive mit kreuzförmiger Mittelverbindung

Abb. 1
Hier entsteht die Abschlußrunde des
1. Motives.

Abb. 2
Für die Mittelverbindung wird eine Luftmaschenkette nach der Zeichnung
angehängt und anschließend überhäkelt. Diesen Vorgang 3mal wiederholen und die Runde mit 1 Kettmasche
schließen.

Abb. 3
Fertige Musterverbindung.

Musterverbindung mit kleinen und großen Rundmotiven

Abb. 1
Bei der vorletzten Runde des großen
Motives wird neu begonnen.

Abb. 2
In der letzten Runde hängt man den
kleinen Kreis mit Kettmaschen an die
großen Motive.

Abb. 3
Fertige Musterverbindung.

Tischläufer

72 x 32 cm,

Material

Hübner-Wolle „Mikado",
Lauflänge 50 g = 145 m,
Farbe Ecrú – 150 g;
Häkelnadel Nr. 3.

Anleitung

Der Läufer besteht aus einzelnen Motiven, die nach der Symbolzeichnung gehäkelt und jeweils in der letzten Runde mit Kettmaschen aneinander gehängt werden. Man arbeitet in der Länge 11 Motive und in der Breite 5. Den fertigen Läufer von links leicht spannen, anfeuchten und trocknen lassen.

Lampenschirm

Durchmesser 30 cm.

Material

Kunstseiden-Häkelgarn,
Lauflänge 50 g = 110 m.
Farbe Beige – 250 g;
Häkelnadel Nr. 1,5;
12 Plastikringe, 3,5 cm Durchmesser;
15 cm Batist, Farbe Natur;
Lampenschirmgestell, 30 cm Durchmesser.

Anleitung

Die Ringe nach der Symbolzeichnung umhäkeln und kreisförmig aneinander hängen. Den oberen Rand nach der Zeichnung mit Luftmaschen und Kettmaschen begradigen und mit Stäbchen überhäkeln. Dabei der Form des Gestelles folgen und bei Bedarf abnehmen (Stäbchen zusammen abmaschen). Den unteren Rand ebenfalls begradigen und 10 cm lange Luftmaschenketten anhäkeln. Die Fransen unten knoten, damit sie schön fallen. Die Musterborte mit dem Batist abfüttern und den Bezug von links an das Gestell nähen.

Schultertuch

Längsseite 2 m.

Material

Hübner-Wolle „Amaro",
Lauflänge 50 g = 180 m,
Farbe Lachs – 550 g;
Häkelnadel Nr. 3,5.

Anleitung

Die einzelnen Quadrate nach der Symbolzeichnung häkeln und entsprechend der Schemazeichnung aneinanderhängen. Die obere Kante des Tuches mit halben Quadraten begradigen und darüber 1 Reihe feste Maschen häkeln. Den Rand an den Seiten nach der Zeichnung arbeiten. Zuletzt in die Luftmaschenbögen 10 cm lange Fransen aus je 8 Fäden einknüpfen.

Mitte

Rand

Tischdecke

110 x 110 cm.

Material

Mercerisiertes Baumwollgarn,
Lauflänge 50 g = 306 m,
Farbe Rot – 400 g;
Häkelnadel Nr, 1,75.

Anleitung

Die Decke besteht aus 144 Einzelmoti-
ven, die nach der Symbolzeichnung
gehäkelt werden. Dabei sticht man die
feste Masche stets in das hintere
Maschenglied der Vorrunde. In der letzten Runde werden die Motive jeweils
mit Kettmaschen aneinander gehängt.

Als Abschluß um die Decke den Rand
nach der Zeichnung häkeln.
Die fertige Decke leicht spannen und
dämpfen.

Beginn

Rand

Für diese Häkelei lassen sich bestens Garn- und Wollreste in ähnlicher Stärke aufarbeiten. In der farblichen Gestaltung sind der Fantasie dabei keine Grenzen gesetzt.

Die Motive können problemlos zu größeren Flächen zusammengefügt werden, indem man in der letzten Runde mit Kettmaschen anhängt (siehe Kapitel Motivmuster). Die Teile können aber auch zusammengenäht werden.

185

Grün-beiges Kissen

40 x 40 cm

Material
Perlgarn Nr. 8.
Lauflänge 5 g = 4,4 m,
Farbe Grün – 70 g,
Farbe Beige – 60 g;
Häkelnadel Nr. 1,25;
farblich passende Kissenhülle,
40 x 40 cm.

Anleitung
Die Kissenplatte besteht aus 36 Quadraten, die nach der Symbolzeichnung
gehäkelt und in der letzten Runde mit
Kettmaschen aneinander gehängt werden. Das fertige Teil von links leicht
spannen, dämpfen und auf die Kissenhülle nähen.

Gelb-beiges Kissen

40 x 40 cm

Material
Perlgarn Nr. 8,
Lauflänge 5 g = 4,4 m,
Farbe Gelb – 60 g,
Farbe Beige – 60 g;
Häkelnadel Nr. 1,25;
farblich passende Kissenhülle
40 x 40 cm.

Anleitung
siehe grün-beiges Kissen.

Bei der irischen Häkelei werden Motive wie Blüten und Blätter nach einer Zeichnung einzeln gehäkelt. Sie werden meist nach freiem Formempfinden miteinander verbunden oder in einen Tüllgrund eingearbeitet. Als Häkelgarn verwendet man feine bis mittelstarke, hochgedrehte Baumwollqualitäten. Vielfach wird über einen Einlagefaden gearbeitet, um dem gehäkelten Teil mehr Struktur und Stabilität zu geben.
Wem die gezeigten Modelle in dieser anspruchsvollen Technik zu schwierig sind, der kann natürlich auch Einzelmotive auf Bekleidungsteile aufnähen. So wird aus einem schlichten Pulli ein ganz individuelles Stück.

Blatt mit Mittelader

Man beginnt mit einer Luftmaschenkette, über die die 1. Runde gehäkelt wird (Abb. A). Nach der halben Runde die Arbeit um 180° drehen und über die Anschlag-Luftmaschen die 2. Hälfte der Runde arbeiten (Abb. B). Die Kettmaschen der 2. Runde werden stets in das hintere Maschenglied eingestochen. Abb. C zeigt das fertige Blatt.

Beginn

Abb. A

Abb. B

Abb. C

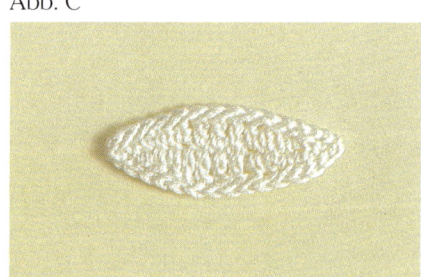

Blatt mit Stiel

Über die Anschlag-Luftmaschen werden feste Maschen, halbe Stäbchen und Stäbchen nach der Zeichnung gehäkelt. Die Arbeit nun um 180° drehen und 1 Runde feste Maschen über 2 Einlegefäden arbeiten (Abb. D + E). Am Ende der Runde für den Stiel mehrere feste Maschen über die Einlegefäden häkeln. Abb. F zeigt das fertige Blatt.

Beginn

Abb. D

Abb. E

Abb. F

Blatt mit Durchbruch

Das Blatt wird in 3 Reihen gearbeitet:
Über den Luftmaschen-Anschlag wird
die 1. Reihe gehäkelt (Abb. A). Nun die
Arbeit wenden. Auf Abb. B entsteht die
2. Reihe. Erneut die Arbeit wenden und
die 3. Reihe häkeln. Abb. C zeigt das
fertige Blatt.

Beginn

Abb. A

Abb. B

Abb. C

Filigranes Blatt

Bei diesem Blatt werden die Runden
fortlaufend im Kreis gearbeitet. Abb. D
zeigt die Entstehung der 2. Runde und
Abb. E die Kettmaschen der letzten
Runde. Sie werden stets in das hintere
Maschenglied eingestochen. Abb. F
zeigt das fertige Blatt.

Beginn

Abb. D

Abb. E

Abb. F

Geripptes Blatt mit 7 Zacken

Das Blatt besteht im wesentlichen aus festen Maschen. Da sie jeweils in das hintere Maschenglied eingestochen werden entstehen Rippen. Abb. A zeigt das Entstehen der 2. Reihe und Abb. B die 4. Reihe. Auf Abb. C sehen Sie das fertige Blatt. Die Rippenstruktur kann durch einen Einlagefaden noch mehr betont werden.

Abb. A

Abb. B

Abb. C

Beginn

Dreiteiliges geripptes Blatt

Nach der obigen Zeichnung wird zunächst ein Blatt mit 7 Zacken und ein Blatt mit 5 Zacken gearbeitet (Abb. D). Die Blätter werden rechts auf rechts an der Seitenkante aufeinandergelegt,

Abb. D

dabei steht das kleinere Blatt am oberen Rand 2 Maschen über. Auf diese Kante wird nun 1 Reihe feste Maschen gehäkelt, indem in das hintere Glied des kleinen Blattes und das vordere

Abb. E

Glied des großen Blattes eingestochen wird (Abb. E). Ein weiteres kleines Blatt häkeln und wie beschrieben an die rechte Kante des großen Blattes anhäkeln. Abb F zeigt das fertige Blatt.

Abb. F

Veilchenblatt

Man beginnt mit einem Fadenring, über den die 1. Runde gehäkelt wird. Bei allen nachfolgenden Runden werden die festen Maschen und die Kettmaschen jeweils in das hintere Maschenglied eingestochen. Auf Abb. A sehen Sie die Entstehung der 2. Runde und auf Abb. B die 5. Runde. Abb. C zeigt das fertige Blatt.

Abb. A

Abb. B

Abb. C

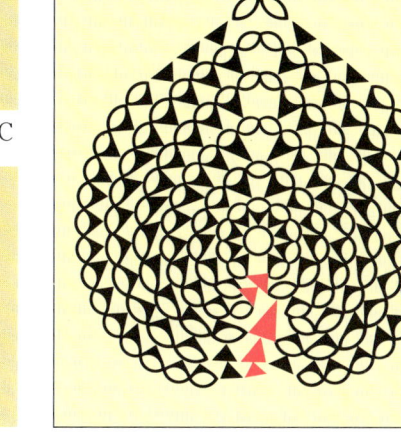

Stiel mit 5 Blättern

Man beginnt mit den unteren Luftmaschen des Stiels, arbeitet das 1. Blatt, und geht mit Luftmaschen weiter zum 2. Blatt (Abb. D). Nach dem 3. Blatt geht man mit festen Maschen über die letzten Luftmaschen des Stieles und arbeitet das 4. Blatt (Abb. E). Nun wieder feste Maschen und Kettmaschen auf die Luftmaschen des Stieles, das 5. Blatt häkeln und den Stiel fertigstellen. Abb. F zeigt das fertige Motiv.

Abb. F

Abb. E

Abb. D

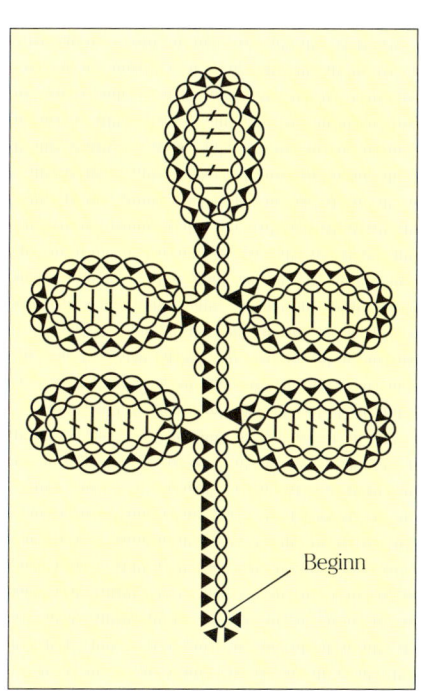

Beginn

191

Die folgenden Blüten werden in Runden gearbeitet. Die einzelnen Runden beginnen mit Luftmaschen und enden mit Kettmaschen.

Geschlossene Blüte

Man beginnt mit einem Luftmaschen-Ring, über den die 1. Runde gearbeitet wird (Abb. A). Abb. B zeigt die Entstehung der 3. Runde und Abb. C die fertige Blüte.

Abb. B

Abb. A

Abb. C

Offene Blüte

Man beginnt ebenfalls mit einem Luftmaschen-Ring. Abb. D zeigt die Entstehung der 2. Runde und Abb. E die 3. Runde. Die fertige Blüte sehen Sie auf Abb. F.

Abb. E

Abb. D

Abb. F

192

Sonnenblüte

Die 1. Runde dieser Blüte wird über einen Fadenring gearbeitet. Abb. A zeigt die Entstehung der 3. Runde. Die Blütenblätter der 5. Runde werden wie folgt gearbeitet: *7 Luftmaschen, um den Luftmaschen-Bogen der Vorrunde 6 sechsfache Stäbchen, die zusammen abgemascht werden, 7 Luftmaschen, 1 feste Masche auf die feste Masche der Vorrunde* (Abb. B). Abb. C zeigt die fertige Blüte.

Abb. A

Abb. B

Abb. C

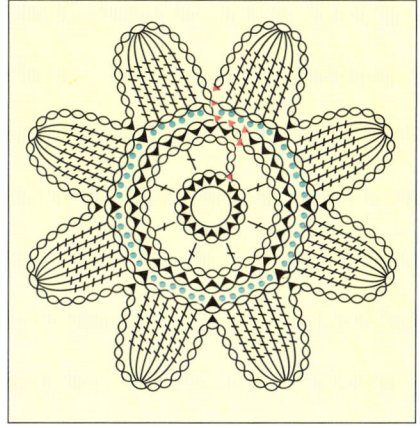

Ovale Blüte

Die Blütenmitte wird plastisch durch die Kettmaschen der 3. Runde, die jeweils in das vordere Maschenglied eingestochen werden. Die festen Maschen der 4. Runde sticht man in das hintere Maschenglied der 2. Runde ein (Abb. D). Abb. E zeigt die Entwicklung der Abschlußrunde und Abb. F die fertige Blüte.

Abb. E

Abb. D

Abb. F

Abb. A

Abb. B

Fächerblüte

Man beginnt mit einem Fadenring, über den die 1. Runde gehäkelt wird. Abb. A zeigt die Entwicklung der 4. Runde. Die Blütenblätter der letzten Runde entstehen wie folgt: *1 feste Masche auf das halbe Stäbchen, 1 feste Masche um den nächsten Luftmaschen-Bogen, 6 Luftmaschen, die Arbeit wenden, 1 Stäbchen um den letzten Luftmaschen-Bogen der Vorrunde (Abb. B), 3 Luftmaschen, die Arbeit wenden, 11 Stäbchen um den Bogen aus 6 Luftmaschen* Abb. C zeigt die fertige Blüte.

Abb. C

Kleine Sternblüte

Die 1. Runde wird über einen Fadenring gearbeitet. Abb. D zeigt den Beginn der 3. Runde. Die Blütenblätter werden wie folgt gearbeitet: *1 feste Masche auf die feste Masche der Vorrunde, 5 Luftmaschen, um den Luftmaschen-Bogen 1 dreifaches Stäbchen, 1 Doppelstäbchen, 1 Stäbchen, 1 halbes Stäbchen, 1 feste Masche. Diese Maschen werden bis auf ein Glied abgemascht, so daß 6 Schlingen auf der Nadel liegen. Diese Schlingen paarweise abhäkeln. Auf die Abmaschglieder je 1 Kettmasche häkeln* (Abb. E). Abb. F zeigt die fertige Blüte.

Abb. F

Abb. D

Abb. E

Vierblättrige Blüte

Über einen Ring aus 7 Luftmaschen wird die 1. Runde gehäkelt. Abb. A zeigt die Entstehung der 2. Runde. Die Maschen der 4. Runde werden ausschließlich um die Luftmaschen-Bogen der letzten Runde gearbeitet (Abb. B). Abb. C zeigt die fertige Blüte.

Abb. A

Abb. B

Abb. C

Durchbrochene Blüte

Die 1. Runde wird über einen Fadenring gearbeitet. Abb. D zeigt die Entwicklung der 5. Runde und Abb. E die 7. Runde. Auf Abb. F sehen Sie die fertige Blüte.

Abb. D   Abb. E

Abb. F

Blüte mit Kreisrand

Man beginnt mit einem Ring aus 5 Luftmaschen. In der 3. Runde (Abb. A) werden über jeden Luftmaschen-Bogen der Vorrunde je 2 Blütenblätter gearbeitet. Am Ende dieser Runde den Faden abschneiden. Mit der 5. Runde an der Spitze eines Blütenblattes neu beginnen. Abb. B zeigt die letzte Runde und Abb. C das fertige Motiv.

Abb. B

Abb. C

Abb. A

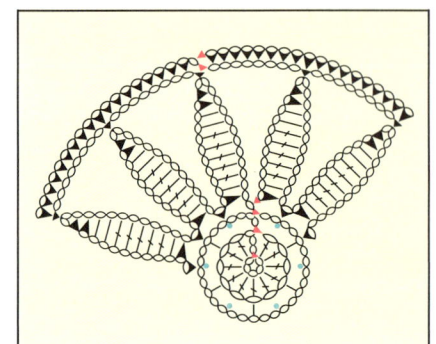

Zweifarbige Sternblüte

Zunächst wird die Sternblüte in der Grundfarbe gehäkelt. Abb. D zeigt die Entwicklung eines Blütenblattes in der 3. Runde. Mit der 2. Farbe wird nun der Muschelkranz um die Luftmaschen-Bogen der 2. Runde gearbeitet (Abb. E). Abb. F zeigt die fertige Blüte.

Abb. E

Abb. F

Abb. D

Filigrane Blüte

Über einen Fadenring wird die
1. Runde gehäkelt. Abb. A zeigt die Entwicklung eines Blattes. Über die Grund-
form aus Luftmaschen und Stäbchen
wird noch 1 Runde Kettmaschen gearbeitet. Nach dieser Runde den
Arbeitsfaden abschneiden. Um den Blü-
tenblättern Halt zu geben, wird auf der
Rückseite noch ein Luftmaschen-Ring
aufgehäkelt (Abb. B). Abb. C zeigt die
fertige Blüte.

Abb. A

Abb. B

Abb. C

Blüte mit eingeschlagenen Blättern

Die 1. Runde wird über einen Fadenring gearbeitet. Abb. D zeigt die Entwicklung eines Blattes in der 4. Runde.
Am Ende dieser Runde den Arbeitsfaden abschneiden. Zunächst 1 Blatt
zum Mittelpunkt einschlagen, *in die
Spitze des Blattes und die feste Masche
der 1. Runde einstechen und eine feste
Masche häkeln, das nächste Blatt einschlagen* (Abb. E). Abb. F zeigt die
fertige Blüte.

Abb. D

Abb. E

Abb. F

197

Zweifarbige irische Blüte

Man beginnt mit 6 Luftmaschen in der Grundfarbe Weiß. Die Stäbchen der 1. Runde werden in die Anfangsluftmasche gearbeitet. Abb. A zeigt die Entwicklung der 2. Runde (= 1. Blütenkranz). Die Stäbchen der 3. Runde werden von hinten um die Stäbchen der 1. Runde gehäkelt (Abb. B.). Abb. C zeigt die Entwicklung der 4. Runde. Den fertigen 2. Blütenkranz sehen Sie auf Abb. D. Die Stäbchen der 5. Runde werden wieder von hinten um die Stäbchen der vorletzten Runde gehäkelt. Abb. E zeigt die Rückseite und Abb. F die Vorderseite der Blüte mit 3 Blütenkränzen. Auf dem Foto unten sehen Sie die fertige Blüte.

8. Runde
Ecrú

7. Runde
Ecrú

6. Runde
Weiß

5. Runde
Weiß

4. Runde
Ecrú

3. Runde
Ecrú

Abb. A

Abb. B

Abb. C

Abb. D

Abb. E

Abb. F

Dreiteilige Blüte

Über einen Fadenring wird der Blütenkranz mit 9 Blättern in der Farbe Ecrú gearbeitet. Abb. A zeigt die Entwicklung des 2. Blattes und Abb. B den fertigen Kranz. Ebenfalls über einen Fadenring wird der Blütenkranz mit 7 Blättern in Farbe Weiß gehäkelt. Abb. C zeigt die Umrandung des 1. Blattes und Abb. D den fertigen Kranz. Auf Abb. E sehen Sie die Entwicklung der Blütenmitte. Diese wird auf den Kranz mit 7 Blättern gelegt. Die beiden Teile werden nun durch 1 Runde feste Maschen um den Innenkreis zusammengehäkelt (Abb. F), der große Kranz wird daruntergenäht. Abb. C zeigt die fertige Blüte.

Abb. A

Abb. B

Abb. C

Abb. E

Abb. D

Abb. F

Sechsblättrige Blume

Zunächst wird die Spirale für die Blütenmitte gearbeitet.
Über 2 Einlegefäden werden dicht nebeneinander 13 feste
Maschen gehäkelt und dann 1 feste Masche in die Anfangs-
masche (= 1. Schlinge). Über die Einlegefäden 18 feste
Maschen häkeln und die Schlinge schließen mit 1 festen
Masche in die 6. feste Masche (Abb. A). Auf diese Weise
weiterhäkeln (Abb. B) und eine Spirale mit 6 Schlingen ar-
beiten.
Die 6 Blütenblätter für den Kranz werden fortlaufend ge-
häkelt. Abb. C zeigt die Abschlußrunde des 1. Blattes und
Abb. D die festen Maschen am Innenrand des 3. Blattes.
Für den Stiel werden 26 Luftmaschen gehäkelt, ab der
20. Luftmasche mit Kettmaschen zurückgehen, das linke
Blatt arbeiten, um die unteren Luftmaschen des Stengels mit
Kettmaschen gehen, das rechte Blatt arbeiten und mit Kett-
maschen am Stengel nach oben gehen (Abb. E). Um den
Luftmaschenring nun den Blütenkelch aus Luftmaschen und
Stäbchen häkeln (Abb. F). Über diese Reihe feste Maschen
häkeln und mit Kettmaschen den Blütenkranz anhängen. Die
Spirale mit kleinen Steppstichen um den Blütenkelch auf-
nähen. Abb. G zeigt die fertige Blume.

202

Abb. A

Abb. C

Abb. B

Abb. D

Abb. E

Abb. F

Blätterbordüre

Die dreiteiligen gerippten Blätter nach
der Anleitung auf Seite 206 häkeln, dabei an den Blattspitzen unten mit 1 Kettmasche aneinanderhängen und oben
mit 1 Stäbchen. Die Blätter in der
gewünschten Länge häkeln. Über den
oberen Rand die Abschlußborte nach
Zeichnung arbeiten.

Blütenborte mit geraden Rändern

Man beginnt mit der linken äußeren Blüte, die nach der Zeichnung gehäkelt wird. Die folgenden Motive werden jeweils durch 2 gehäkelte Bänder mit der letzten Blüte verbunden: die nächste Blüte bis zum Ende des 1. Blattes häkeln, 25 Luftmaschen, 1 Kettmasche zwischen das 3. und 4. Blatt der letzten Blüte, 1 Luftmasche, mit festen Maschen über die Luftmaschen-Kette zurückgehen. Das 2. Blütenblatt häkeln, 25 Luftmaschen, 1 Kettmasche zwischen das 4. und 1. Blatt der letzten Blüte, 1 Luftmasche, mit festen Maschen über die Luftmaschen-Kette zurückgehen, die letzten beiden Blütenblätter häkeln.

Auf diese Weise bis zur gewünschten Bortenlänge arbeiten. Über die gesamte Länge auf beiden Seiten die Abschluß-kante häkeln, dabei nach der 4. Reihe die Arbeit *nicht* wenden, sondern die festen Maschen der 5. Reihe von *links nach rechts* arbeiten (Krebsmaschen).

5. Reihe
4. Reihe

3. Reihe

2. Reihe
1. Reihe

Einzelmotive mit Kettmaschen verbinden

Abb. A

Abb. B

Abb. C

Abb. D

Die kleinen Blüten werden nach der Zeichnung gehäkelt. Abb. A zeigt die Entwicklung der 2. Runde und Abb. B die Entwicklung der 5. Runde. Abb. C zeigt das fertige Motiv. Ab der 2. Blüte werden alle Motive während der 5. Runde an den Spitzen mit Kettmaschen aneinandergehängt. So können beliebig große Flächen gehäkelt werden, vom kleinen Deckchen (Abb. D) bis zu Kissenhüllen.

Einzelmotive mit umwickelten Stegen verbinden

Zunächst wird die entsprechende Anzahl von Häkelsternen nach der Zeichnung gearbeitet (Abb. A.). Der Abschlußrand besteht aus Doppelstäbchen, die über 1 Luftmaschenkette gehäkelt werden.

Abb. A

Auf Zeichenkarton zunächst die Linien des Abschlußrandes markieren. In dem entstandenen Innenraum die Häkelsterne verteilen und die Umrißlinien aufzeichnen. Die entstandenen Zwischenräume werden nun durch ein unregelmäßiges Liniennetz ausgefüllt. Jetzt werden die Häkelsterne und der Rand mit Heftstichen auf den Karton genäht. Die Verbindungsstege werden über dem Liniennetz mit dem Häkelgarn genäht: Der Faden wird einmal zwischen den Motiven gespannt und anschließend dicht umwickelt (Abb. B); unter den Motiven zum nächsten Ausgangspunkt gehen.

Gabelt sich eine Linie, so wird der Faden zunächst zu einem Endpunkt gespannt und bis zum Teilungspunkt umwickelt. Den Faden zum nächsten Ende spannen und den Steg bis zum Anfang umwickeln. Abb. C zeigt die fertige Spitze.

Abb. B

Abb. C

Freies Verbinden von verschiedenen Motiven

Abb. A

Abb. B

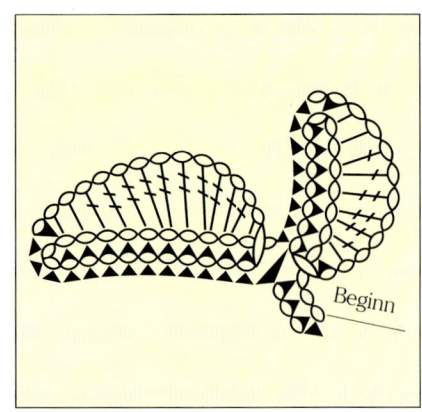

Doppeltes Blatt

Über den Luftmaschenanschlag werden zunächst 7 feste Maschen gehäkelt,
1 Luftmasche, die Arbeit um 180° drehen und auf die Anschlagluftmaschen
die festen Maschen und Stäbchen nach
der Zeichnung arbeiten, mit Kettmaschen über die festen Maschen gehen.
13 Luftmaschen als Anschlag für das
2. Blatt, 10 feste Maschen, 1 Luftmasche, auf die gleichen Anschlagluftmaschen Stäbchen und 1 feste Masche
nach der Zeichnung häkeln (Abb. A).
Mit Kettmaschen um die Blattspitze und
über die festen Maschen gehen. Über
die restlichen Anschlagluftmaschen
feste Maschen häkeln. Abb. B zeigt das
fertige Blatt.

Einfaches Blatt

Das Blatt nach der Zeichnung häkeln.
Abb. C zeigt die Umrandung mit festen
Maschen.

Ovale Blüte

Die Blüte nach der Zeichnung häkeln
(siehe auch Beschreibung S. 209).
Abb. D zeigt die fertige Blüte.

Abb. C

Abb. D

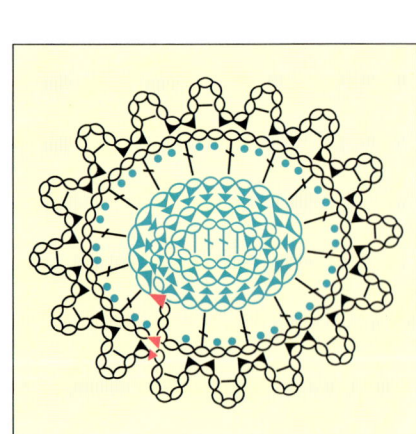

Bei der Abb. E werden zunächst mehrere Grundmotive gearbeitet, in diesem Fall ovale Häkelblüten, und in der letzten Runde teilweise mit Kettmaschen aneinander gehängt. Nach freiem Formempfinden werden nun die Blätter als Verbindungsmotive eingefügt. Dazu hängt man ebenfalls in der letzten Runde je nach Abstand mit Kettmaschen, Stäbchen oder Gabelstäbchen an. Auf diese Weise läßt sich sehr gut nach Schnitt arbeiten, da man die Flächen und Kanten individuell gestalten kann.

Abb.E

Netzgrund

Häkelornamente kommen besonders gut zur Geltung, wenn sie in einen Netzgrund eingehäkelt werden. Bei einfacher Motivanordnung verbindet man die Form mit dem Grund frei in der Hand beim Häkeln des Netzgrundes. Aufwendigere Musteranordnung zeichnet man besser auf Nessel vor, heftet die Häkelmotive auf und häkelt dann den Netzgrund ein.

Es gibt 2 Arten von Netz- oder Tüllgrund. Den regelmäßigen Grund verwendet man beim Verbinden von einfachen, graphischen Formen und zum Füllen von gleichmäßigen Grundflächen. Der unregelmäße Grund wird frei nach Gefühl gehäkelt, dafür gibt es keine Vorlagen. Man arbeitet verschieden große Luftmaschenbogen, oft mit Pikots, dreht und wendet die Arbeit nach Belieben, um ein unregelmäßiges Musterbild zu erzielen. Dieser Grund eignet sich besonders zum Füllen von unregelmäßigen Grundflächen und zum Verbinden von aufwendigeren Motiven.

Dichtes Netz mit Pikots

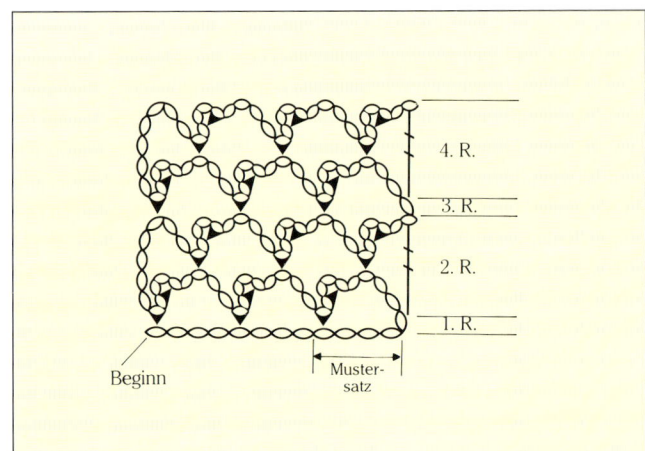

Offenes Netz mit großen und kleinen Luftmaschenbogen

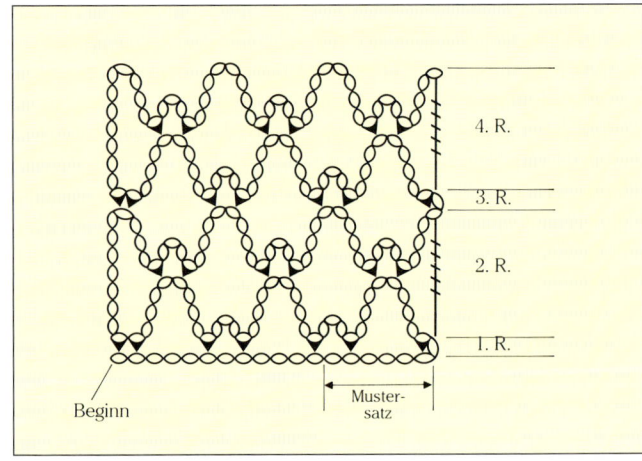

Offenes Netz mit kleinen Blüten

Einfaches Motiv in dichtem Netzgrund mit Pikots

Unregelmäßiger Netzgrund

Dichter, unregelmäßiger Grund

Unregelmäßiger Grund mit Pikots

Offener unregelmäßiger Grund

Verschiedene Motive in dichtem, unregelmäßigem Grund

Taschentuchspitze mit Eckrosetten

Material
Spitzengarn
LL 10 g = 64 m
Farbe Lachs – 10 g
Häkelnadel Nr. 0,60
Taschentuch mit Lochrand

Anleitung
Nach Zeichnung A 6 kleine und
1 große Rosette häkeln und die Motive
jeweils in der 4. Runde mit 1 Kettmasche an das letzte Motiv anhängen.
Das Tuch mit 1 Runde *1 feste Masche,
1 Luftmasche* umhäkeln. Nach Zeichnung B den Gittergrund arbeiten und in
der 1. Runde nach Zeichnung A die
Rosetten mit Kettmaschen anhängen.
Die fertige Spitze von links leicht spannen und dämpfen.

Dekorative Spitze

Breite 15 cm, Länge 60 cm

Material

Glanzhäkelgarn Nr. 20
LL 10 g = 64 m
Farbe Weiß – 70 g
Häkelnadel Nr. 1.25

Anleitung

Zunächst werden 11 große Blüten nach
der Zeichnung gehäkelt und jeweils in
der letzten Runde mit 1 Kettmasche an
das letzte Motiv angehängt. Nun die
großen Blätter arbeiten und dabei die
festen Maschen jeweils in das hintere
Maschenglied einstechen. Bei der vorletzten Ecke mit 1 Stäbchen an das
letzte Blatt anhängen und am Henkel
durch 1 Kettmasche Blatt und Blüte miteinander verbinden. Der entstandene
Zwischenraum wird nun mit kleinen
Blüten ausgefüllt. Diese werden über
einen Fadenring nach Zeichnung gehäkelt und in der letzten Runde mit Kettmaschen an die benachbarten Blüten
und Blätter gehängt.
Mit der 1. Reihe der Abschlußkante
wird der obere Rand begradigt. Das
mehrfache Gabelstäbchen in der Mitte
des Mustersatzes wird wie folgt gearbeitet: 5 Umschläge, in die mittlere
Spitze des rechten Blattes einstecken
und 1 Schlinge holen, 3x je 2 Schlingen
abhäkeln, so daß noch 4 Schlingen auf
der Nadel liegen. 4 Umschläge, aus der
nächsten Blattspitze 1 Schlinge holen,
2x je 2 Schlingen abhäkeln, so daß
noch 7 Schlingen auf der Nadel liegen.
2 Umschläge, aus der Spitze des nächsten Blattes 1 Schlinge holen, 5x je
2 Schlingen abhäkeln, so daß noch
5 Schlingen auf der Nadel liegen. 3 Umschläge, aus der nächsten Blattspitze
1 Schlinge holen, 3x je 2 Schlingen
abhäkeln, 1x 3 Schlingen abhäkeln und
3x je 2 Schlingen abhäkeln.
Für die Kreise der 2. Reihe werden
jeweils über einen Fadenring Stäbchen
gehäkelt und entsprechend der Zeichnung mit Stäbchen und 1 festen
Masche an die 1. Reihe und den letzten

Kreis gehängt. Die 3. und 4. Reihe der
Abschlußkante nach Zeichnung häkeln.
Die fertige Spitze leicht spannen,
anfeuchten und trocknen lassen.

Brügger Häkelei

Abb. A

Abb. B

Die Brügger Häkelei ist eine Nachbildung der geklöppelten Brügger Spitzen. Bei beiden Techniken werden Bändchen gebildet, die man zu verschiedenen Musterformen miteinander verbindet.

Die Bändchen werden in hin- und hergehenden Stäbchenreihen gearbeitet, wobei man stets am Anfang jeder Reihe einen Luftmaschenbogen häkelt. Diese Bogen werden beim Verbinden mit Kettmaschen oder Stegen aneinander gehängt. Auf diese Weise häkelt man auch Spinnen oder flächenfüllende Motive ein.

Bändchen

Die Abbildung A zeigt ein schmales Bändchen, bei dem abwechselnd eine volle und eine durchbrochene Stäbchenreihe gearbeitet wird. Jede Reihe beginnt mit einem Bogen aus 6 Luftmaschen. Häkelt man anstelle der Durchbruchreihe ebenfalls 5 Stäbchen, so entsteht ein dichtes Bändchen. Die Abbildung B zeigt ein breiteres Bändchen, bei dem bereits im Anschlag ein Luftmaschenbogen gebildet wird. Auch hier wendet man jeweils mit 6 Luftmaschen. Ein senkrechter Mustereffekt ergibt sich, wenn jede Reihe aus 3 Stäbchen, 1 Luftmasche, 3 Stäbchen besteht.

5. R.

4. R.

3. R.

2. R.

1. R.

Beginn

5. R.

4. R.

3. R.

2. R.

1. R.

Beginn

218

Abb. A   Abb. B   Abb. C

Beginn

Gleichmäßige Schlangenlinie

Zunächst wird nach der Zeichnung ein gerades Bändchen gehäkelt. Für die halbkreisförmige Spitze arbeitet man schräge Reihen, die aus 1 festen Masche, 1 halben Stäbchen und 2 Stäbchen bestehen. Auch diese Reihen werden mit je 6 Luftmaschen gewendet.

Nach der 6. schrägen Reihe wie folgt arbeiten: 3 Luftmaschen, die letzten 3 Innenbogen auffassen (Abb. A), 1 Kettmasche, 3 Luftmaschen (Abb. B), noch 1 schräge Reihe häkeln. Das Bändchen gerade weiterarbeiten und die Innenbogen miteinander verbinden: 3 Luftmaschen, 1 Kettmasche in den gegenüberliegenden Luftmaschenbogen (Abb. C und D).

Die nächste Spitze wieder mit schrägen Reihen häkeln und die 4 Innenbogen zusammenfassen (Abb. E).

Abbildung F zeigt die fertige Häkelspitze.

Abb. D   Abb. E   Abb. F

Abb. A

Abb. B

Runde Motive

Für das Motiv der Abbildungen A/B das Bändchen nach der linken Symbolzeichnung häkeln, dieses zum Kreis legen und mit Kettmaschen schließen oder zusammennähen. Für die Spinne in der Kreismitte 12 Luftmaschen zum Ring schließen. Um den Ring 12mal *3 Stäbchen, 4 Luftmaschen, 2 zusammen abgemaschte Stäbchen in je 1 Bogen des Kreises, 1 Kettmasche in die 4. Luftmasche, 2 Luftmaschen, 1 Kettmasche in die 1. der 4 Luftmaschen*. Die Spinne schließen mit 1 Kettmasche in das 1. Stäbchen. Die Abbildung zeigt das fertige Motiv.

Abb. C

Abb. D

Beginn

Beginn

Für das Motiv der Abbildungen C/D das Bändchen nach der rechten Symbolzeichnung häkeln, zum Kreis legen und mit Kettmaschen schließen oder zusammennähen. Die Kreismitte häkeln und in der 2. Runde mit Kettmaschen an die Luftmaschenbogen anhängen. Die Abbildung D zeigt das fertige Motiv.

Gerades Band mit schmaler Schlangenlinie

Für die Spitze der Abbildungen A/B das gerade Band in der gewünschten Länge arbeiten. Die Schlangenlinie nach der Symbolzeichnung häkeln und dabei an das gerade Band mit Gabelstäbchen und Kettmaschen anschließen. Das Gabelstäbchen wie folgt arbeiten: 4 Umschläge, in den 1. Bogen einstechen, 1 Schlinge durchholen, 2mal je 2 Schlingen abmaschen, 2 Umschläge, in den 2. Bogen einstechen, 1 Schlinge durchholen, 2mal je 2 Schlingen abmaschen, 2 Umschläge, in den 3. Bogen einstechen, 1 Schlinge durchholen, 2mal je 2 Schlingen, 1mal 3 Schlingen und 3mal je 2 Schlingen abmaschen. Die Abbildung B zeigt die fertige Häkelspitze.

Abb. A

Abb. B

Abb. C

Abb. D

Doppelte Wellenlinie

Für die doppelte Wellenlinie der Abbildungen C/D zunächst die 1. Wellenlinie in der gewünschten Länge nach der Symbolzeichnung arbeiten. Nun die 2. Wellenlinie häkeln und mit Kettmaschen und Gabelstäbchen (siehe oben) anhängen.
Die Abbildung D zeigt die fertige Häkelspitze.

Oval

Für das Motiv der Abbildung A nach der Symbolzeichnung häkeln, dabei an den Spitzen schräge Reihen arbeiten und die Innenbogen mit 1 Kettmasche zusammenhängen. Das Oval mit Kettmaschen schließen oder zusammennähen.
Die Abbildung B zeigt das fertige Motiv.

Abb. A

Abb. B

Beginn

Doppelkreis

Für das Motiv der Abbildung C nach der Symbolzeichnung ein gerades Bändchen mit 9 Bogen arbeiten. Für die Spinne 6 Luftmaschen häkeln, 5 zusammen abgemaschte Stäbchen in je 2 Bogen einstechen, 3 Luftmaschen, 1 feste Masche in den 1. Bogen, 2 Luftmaschen, 1 Kettmasche in die 3. der 6 Luftmaschen, 2 Luftmaschen. Das Bändchen gerade weiterhäkeln und die 2. Spinne arbeiten. Gerade weiterarbeiten, das Ende unter das Motiv legen und mit Kettmaschen schließen oder zusammennähen.
Die Abbildung D zeigt den fertigen Doppelkreis.

Beginn

Abb. C

Abb. D

223

Mitteldecke
etwa 102 x 102 cm

Material
Glanzhäkelgarn Nr. 20,
Lauflänge 10 g = 64 m,
Farbe Weiß – 200 g;
Häkelnadel Nr. 1,25;
90 cm Leinenstoff, 90 cm breit.

Anleitung
Zunächst 12 Kreismotive nach der Symbolzeichnung arbeiten. Nun die breite Spitze (Beginn A) häkeln und dabei mit Kettmaschen die Kreise anhängen. Zwischen den Ecken werden auf jeder Seite 3 Mustersätze gearbeitet. Die Spinnen in den Ecken nach der Symbolzeichnung einhäkeln. Nun das gerade Band (Beginn B) arbeiten und mit Kettmaschen und Doppelstäbchen an die Spitze anschließen.

Fertigstellung
Die Häkelspitze von links leicht spannen, mit feuchten Tüchern bedecken und trocknen lassen. Den Stoff zunächst an 1 Seite fadengerade schneiden, schmal umbücken und dicht mit festen Maschen umhäkeln. Dabei mit Kettmaschen jeden Luftmaschenbogen der Spitze anhängen. Auf diese Weise Seite für Seite gerade schneiden und umhäkeln.

Tip
Bei den meisten Stoffen ist die Fadendichte von Kette und Schuß verschieden. Damit die Decke auch quadratisch wird, muß man diesen Unterschied beim Umhäkeln ausgleichen, also auf den dichten Seiten einen Gewebefaden mehr oder auf den offeneren Seiten einen Faden weniger übergehen.

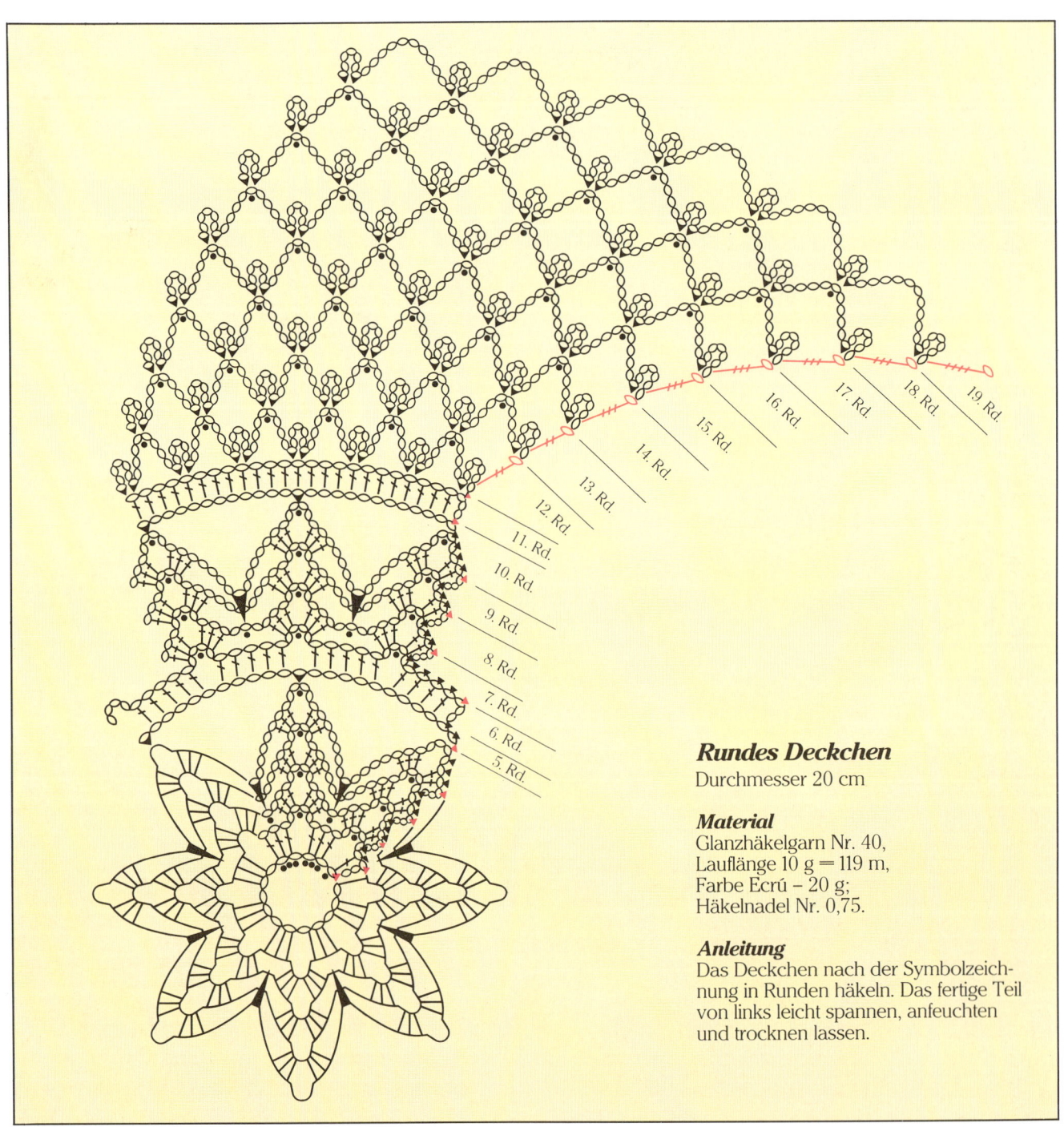

5. Rd.
6. Rd.
7. Rd.
8. Rd.
9. Rd.
10. Rd.
11. Rd.
12. Rd.
13. Rd.
14. Rd.
15. Rd.
16. Rd.
17. Rd.
18. Rd.
19. Rd.

Rundes Deckchen
Durchmesser 20 cm

Material
Glanzhäkelgarn Nr. 40,
Lauflänge 10 g = 119 m,
Farbe Ecrú – 20 g;
Häkelnadel Nr. 0,75.

Anleitung
Das Deckchen nach der Symbolzeichnung in Runden häkeln. Das fertige Teil
von links leicht spannen, anfeuchten
und trocknen lassen.

27. Rd.
26. Rd.
25. Rd.
24. Rd.
23. Rd.
22. Rd.
21. Rd.
20. Rd.
19. Rd.
18. Rd.
17. Rd.
16. Rd.
15. Rd.
14. Rd.
13. Rd.
12. Rd.
11. Rd.

Rundes Deckchen
Durchmesser 30 cm

Material
Glanzhäkelgarn Nr. 40,
Lauflänge 10 g = 119 m,
Farbe Weiß – 20 g;
Häkelnadel Nr. 0,75.

Anleitung
Das Deckchen nach der Symbolzeichnung in Runden häkeln. Das fertige Teil
von links leicht spannen, anfeuchten
und trocknen lassen.

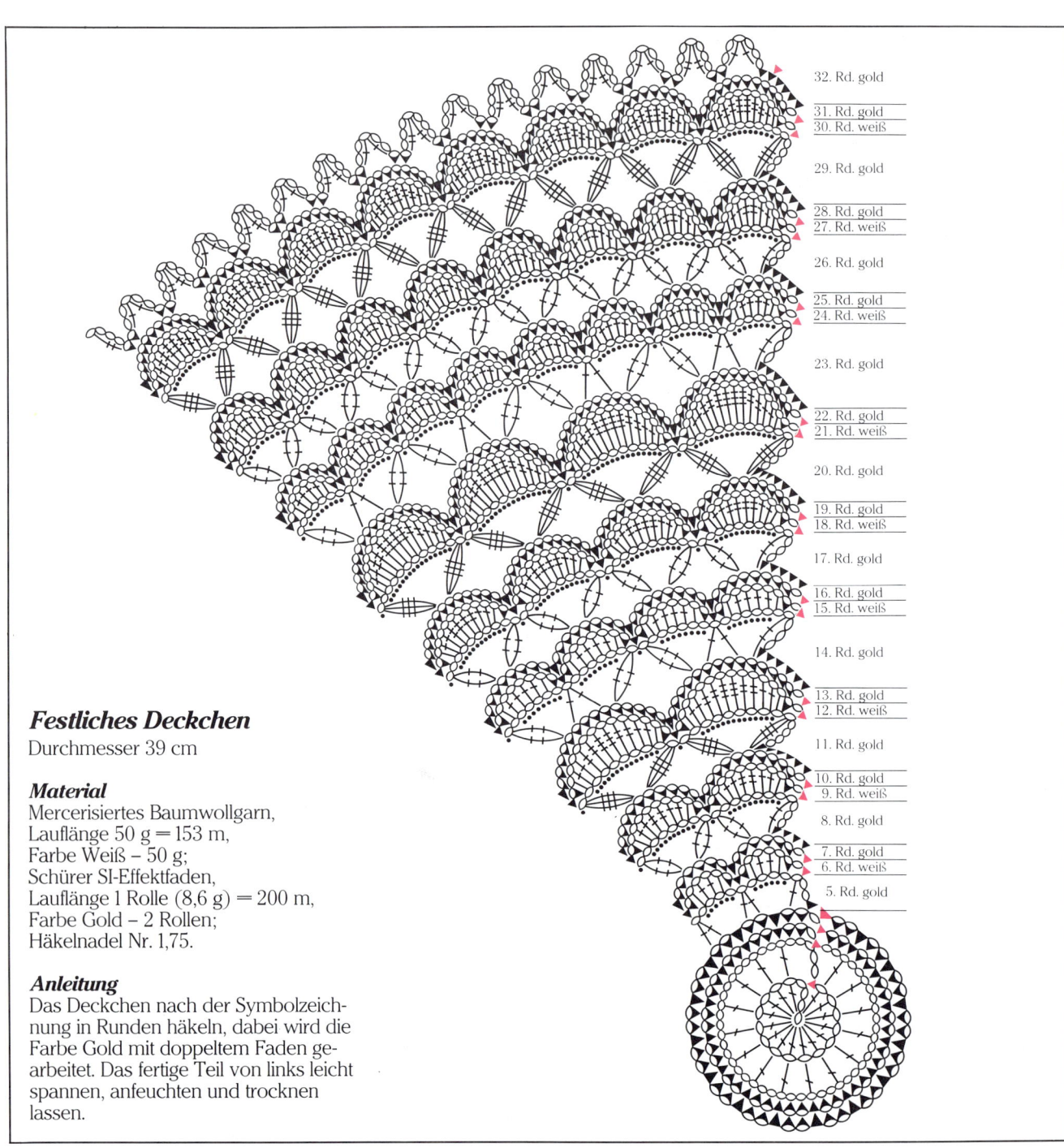

32. Rd. gold
31. Rd. gold
30. Rd. weiß
29. Rd. gold
28. Rd. gold
27. Rd. weiß
26. Rd. gold
25. Rd. gold
24. Rd. weiß
23. Rd. gold
22. Rd. gold
21. Rd. weiß
20. Rd. gold
19. Rd. gold
18. Rd. weiß
17. Rd. gold
16. Rd. gold
15. Rd. weiß
14. Rd. gold
13. Rd. gold
12. Rd. weiß
11. Rd. gold
10. Rd. gold
9. Rd. weiß
8. Rd. gold
7. Rd. gold
6. Rd. weiß
5. Rd. gold

Festliches Deckchen

Durchmesser 39 cm

Material

Mercerisiertes Baumwollgarn,
Lauflänge 50 g = 153 m,
Farbe Weiß – 50 g;
Schürer SI-Effektfaden,
Lauflänge 1 Rolle (8,6 g) = 200 m,
Farbe Gold – 2 Rollen;
Häkelnadel Nr. 1,75.

Anleitung

Das Deckchen nach der Symbolzeichnung in Runden häkeln, dabei wird die Farbe Gold mit doppeltem Faden gearbeitet. Das fertige Teil von links leicht spannen, anfeuchten und trocknen lassen.

232

Set (Abb. auf Seite 248)
31 x 41 cm

Material
31 x 41 cm
Glanzhäkelgarn Nr. 30,
Lauflänge 10 g = 86 m,
Farbe Ecrú – 60 g;
Häkelnadel Nr. 1,75.

Mustersatz
2,5 cm breit, 4 cm hoch.

Anleitung
183 Luftmaschen anschlagen. Den
Innenteil des Deckchens und anschließend den Rand nach der Symbolzeichnung häkeln. Das fertige Teil von links
leicht spannen, anfeuchten und trocknen lassen.

Set (Abb. auf Seite 249)
31 x 41 cm

Material
Glanzhäkelgarn Nr. 30,
Lauflänge 10 g = 86 m,
Farbe Ecrú – 60 g;
Häkelnadel Nr. 1,25.

Mustersatz
2,5 cm breit, 3 cm hoch.

Anleitung
199 Luftmaschen anschlagen. Den
Innenteil des Deckchens und anschließend den Rand nach der Symbolzeichnung häkeln. Das fertige Teil von links
leicht spannen, anfeuchten und trocknen lassen.

Sechseckige Decke

Durchmesser 45 cm

Material

Glanzhäkelgarn Nr. 20,
Lauflänge 10 g = 64 m,
Farbe Weiß – 80 g;
Häkelnadel Nr. 1,25.

Anleitung

Die Decke nach der Symbolzeichnung
in Runden häkeln. Das fertige Teil von
links leicht spannen, anfeuchten und
trocknen lassen.

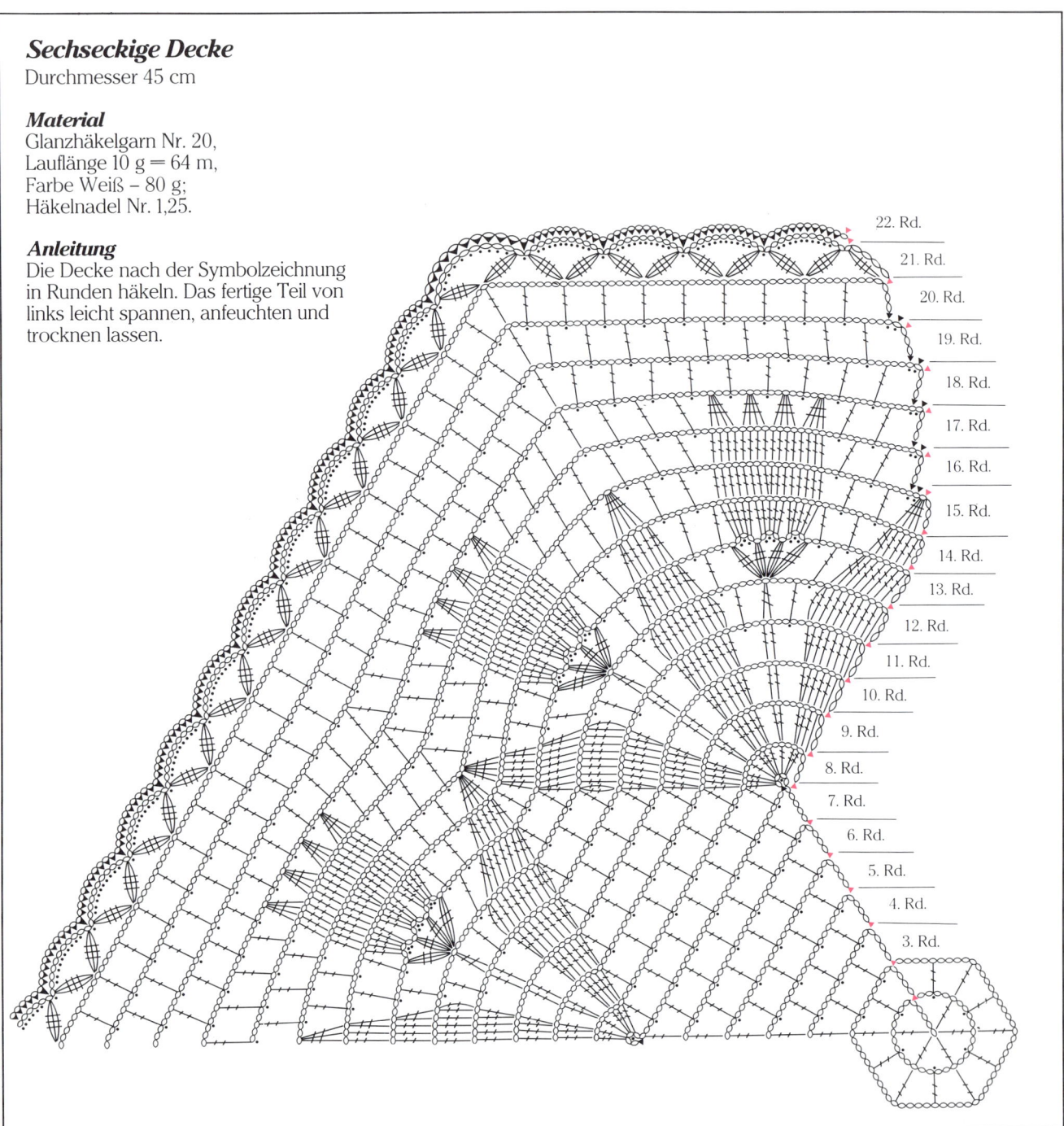

22. Rd.
21. Rd.
20. Rd.
19. Rd.
18. Rd.
17. Rd.
16. Rd.
15. Rd.
14. Rd.
13. Rd.
12. Rd.
11. Rd.
10. Rd.
9. Rd.
8. Rd.
7. Rd.
6. Rd.
5. Rd.
4. Rd.
3. Rd.

Decke mit Bogenrand
Durchmesser 70 cm

Material
Hübner-Wolle „Clou",
Lauflänge 50 g = 115 m,
Farbe Lachs – 150 g;
Häkelnadel Nr. 3.

Anleitung
Die Decke nach der Symbolzeichnung
in Runden häkeln. Das fertige Teil von
links leicht spannen, anfeuchten und
trocknen lassen.

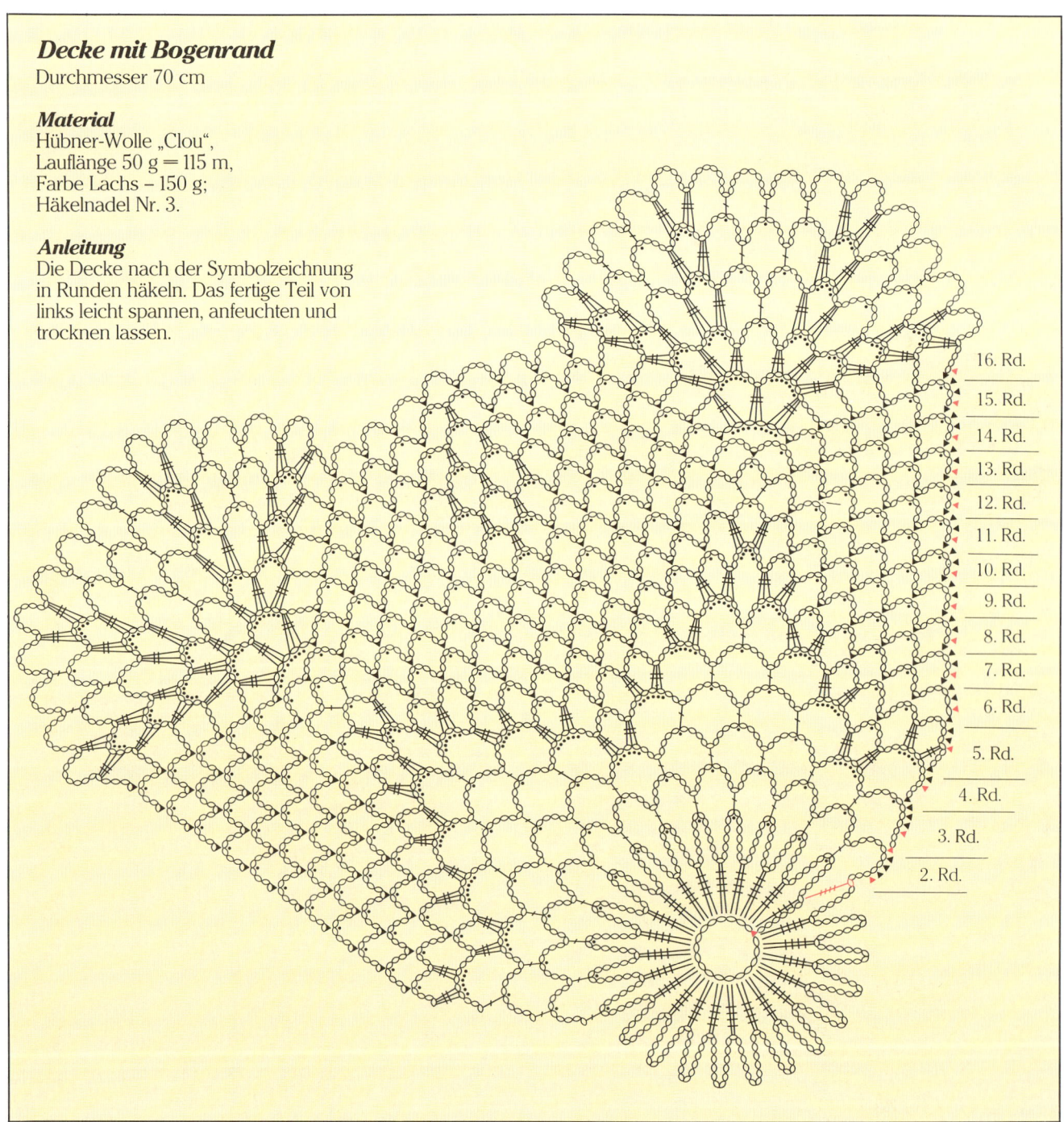

16. Rd.

15. Rd.

14. Rd.

13. Rd.

12. Rd.

11. Rd.

10. Rd.

9. Rd.

8. Rd.

7. Rd.

6. Rd.

5. Rd.

4. Rd.

3. Rd.

2. Rd.

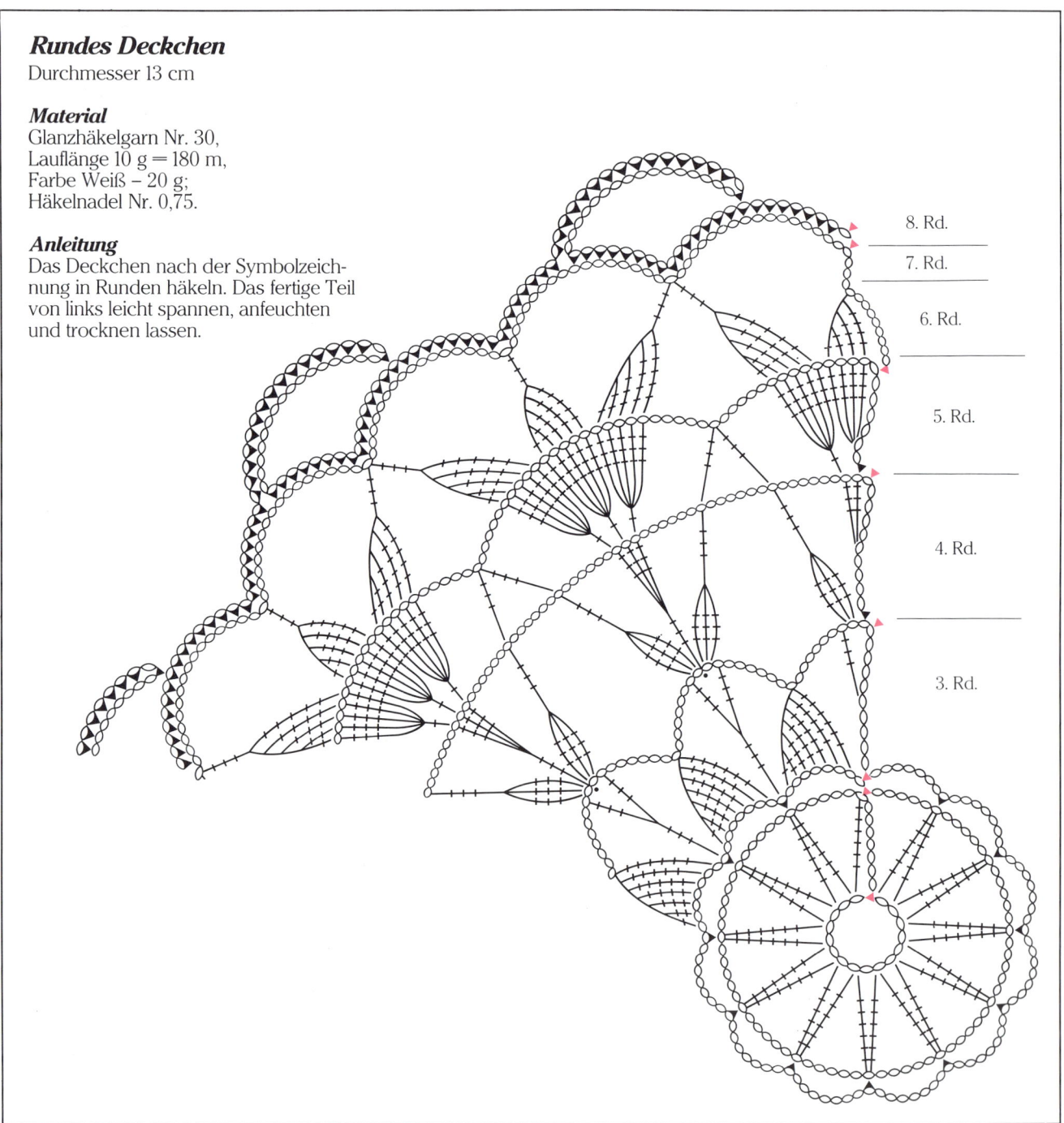

Rundes Deckchen

Durchmesser 13 cm

Material

Glanzhäkelgarn Nr. 30,
Lauflänge 10 g = 180 m,
Farbe Weiß – 20 g;
Häkelnadel Nr. 0,75.

Anleitung

Das Deckchen nach der Symbolzeichnung in Runden häkeln. Das fertige Teil
von links leicht spannen, anfeuchten
und trocknen lassen.

8. Rd.

7. Rd.

6. Rd.

5. Rd.

4. Rd.

3. Rd.

Gabelhäkelei

Diese Häkelarbeit hat ihren Namen von dem gabelförmigen Werkzeug, das man neben Häkelnadel und Garn zur Herstellung der Borten braucht. Man kann Garne und Wolle in verschiedenen Qualitäten und Stärken verwenden. Die Gabeln werden in verschiedenen Ausführungen angeboten. Die gebogenen Metallgabeln wählt man entsprechend der gewünschten Bortenbreite,

dagegen sind die verstellbaren Gabeln universell einsetzbar. Sie haben außerdem den Vorteil, daß die Borten stets gleichmäßig breit werden. Die Borten entstehen, indem der Faden um die Gabel gelegt wird und in die letzte Schlinge feste Maschen, halbe Stäbchen oder Stäbchen gearbeitet werden. Je nach Maschenanzahl ergeben sich dichte oder offene Schlingenreihen.

Borte mit 1 festen Masche je Schlinge

1 Man beginnt mit einer Anfangsschlinge und führt den Faden von vorne nach hinten um den rechten Stab der Gabel. Die Anfangsschlinge, und später die Borte, wird von Daumen und Mittelfinger der linken Hand in der Mitte der Gabel gehalten. Nun den Faden umschlagen und durch die Anfangsschlinge ziehen.

2 Die Häkelnadel zwischen den Stäben der Gabel nach hinten führen. Die Gabel von rechts nach links drehen, so daß der Faden als Schlinge um den rechten Stab liegt. Mit der Häkelnadel von unten nach oben um das vordere Glied der linken Schlinge stechen, den Faden umschlagen und durchziehen. Den Faden erneut umschlagen und die beiden Schlingen abmaschen.

3 Die Häkelnadel wieder nach hinten führen, die Gabel von rechts nach links drehen und um die linke vordere Schlinge 1 feste Masche häkeln. Auf diese Weise arbeiten, bis die Gabel gefüllt ist. Nun wird die Borte bis auf wenige Schlingen nach unten abgestreift. Bei der verstellbaren Gabel wird dafür das untere Teilstück abgenommen und dann wieder aufgesteckt.

Borte mit 2 festen Maschen je Schlinge

Borte mit 3 festen Maschen je Schlinge

Borte mit 3 Stäbchen je Schlinge

Das Behäkeln der Gabelborten

Borte mit 1 festen Masche je Schlinge
Rand: *in die Schlingen gerade einstechen, 1 feste Masche, 1 Luftmasche*.

Borte mit 1 festen Masche je Schlinge
Rand: *in die Schlinge von hinten einstechen, 1 feste Masche, 1 Luftmasche*.

Borte mit 1 festen Masche je Schlinge
Rand: *3 Schlingen von hinten auffassen, 1 feste Masche, 3 Luftmaschen*.

Borte mit 2 festen Maschen je Schlinge
Rand: *3 Schlingen von hinten auffassen, 1 feste Masche, 3 Luftmaschen, 1 Schlinge auffassen und die Häkelnadel einige Male drehen, bis die Wicklung die Höhe der gebündelten Schlingen hat, 1 feste Masche, 3 Luftmaschen*.

243

Borte mit 1 festen Masche je Schlinge
Verbindung mit Kettmaschen: ∗von unten in die Schlinge der
unteren Borte und die gegenüberliegende Schlinge der oberen Borte gerade einstechen, den Faden umschlagen und
durch die 3 auf der Nadel liegenden Schlingen ziehen∗.

Borte mit 1 festen Masche je Schlinge
Verbindung mit festen Maschen: ∗von unten in die Schlinge
der unteren Borte und die gegenüberliegende Schlinge der
oberen Borte gerade einstechen, 1 feste Masche∗.

Borte mit 1 festen Masche je Schlinge
Verbindung: ∗3 Schlingen der unteren Borte von hinten auffassen, 1 feste Masche, 2 Luftmaschen, 3 Schlingen der
oberen Borte von hinten auffassen, 1 feste Masche, 2 Luft-
maschen∗.

Borte mit 2 festen Maschen je Schlinge
Verbindung: ∗3 Schlingen der unteren Borte von hinten auffassen, 3 feste Maschen, 1 Luftmasche, 3 Schlingen der
oberen Borte von hinten auffassen, 3 feste Maschen, 1 Luft-
masche∗.

Borte mit 1 festen Masche je Schlinge
Verbindung: *1 Schlinge der oberen Borte auffassen, in die
nächste Schlinge der unteren Borte einstechen und diese
Schlinge durch die auf der Nadel liegende Schlinge ziehen*.

Borte mit 1 festen Masche je Schlinge
Verbindung: *2 Schlingen der oberen Borte auffassen, in die
nächsten 2 Schlingen der unteren Borte einstechen und
diese Schlingen durch die 2 auf der Nadel liegenden Schlingen ziehen*.

Häkelverbindungen

Borte mit 1 festen Masche je Schlinge
Verbindung: *1 feste Masche auf die feste Masche der unte-
ren Borte, 3 Luftmaschen, 1 feste Masche auf die feste
Masche der oberen Borte*.

Borte mit 2 festen Maschen je Schlinge
Borte behäkeln: *3 Schlingen von hinten auffassen, die Nadel
2mal drehen, 1 feste Masche, 5 Luftmaschen*.
Verbindung: *3 Stäbchen um die Luftmaschen der unteren
Borte, 1 Luftmasche, 3 Stäbchen um die Luftmaschen der
oberen Borte, 1 Luftmasche*.

Schlingen ohne Hilfsmittel in der Hand gearbeitet

Das Muster besteht aus festen Maschen, wobei in er Rückreihe Schlingen gebildet werden.

1 Den Faden um den linken Zeigefinger schlingen, die Häkelnadel in beide Maschenglieder einstechen, den Faden hinter dem Finger auffassen und durchziehen.

2 Den hängenden Arbeitsfaden um die Nadel schlagen und durch die beiden auf der Nadel liegenden Schlingen ziehen, dabei wird keine Schlinge gebildet. So entsteht bei jeder festen Masche auf der Rückseite eine Schlinge.

Vorderseite

Schlingenabseite

Schlingen durch feste Maschen über den Stab gearbeitet.

Bei allen nachfolgenden Beispielen für die Schlingenhäkelei wird über ein flaches Stäbchen gearbeitet. Diese Stäbe gibt es in verschiedenen Breiten, so daß ganz unterschiedliche Mustereffekte entstehen.

1 Zunächst wird über einen Luftmaschenanschlag 1 Reihe feste Maschen gearbeitet. Am Beginn der 2. Reihe so viele Luftmaschen häkeln, wie der Stab hoch ist. Nun den Stab hinter die Arbeit legen. In die nächste Masche der Vorreihe einstechen und die Nadel unter den Stab führen. Den Faden umschlagen und eine Schlinge durchziehen.

2 Die Schlinge bis zur Höhe des Stabes hochziehen, den Faden erneut umschlagen und die beiden auf der Nadel liegenden Schlingen abmaschen. Nach der Schlingenreihe eine Reihe feste Maschen arbeiten. Abwechselnd 1 Schlingenreihe und 1 Reihe feste Maschen häkeln (Foto rechts). Schlingenstäbchen

Schlingen bilden, indem Maschen über den Stab gezogen werden

1. Reihe

2. Reihe

1 In die Anschlagluftmasche einstechen, den Faden umschlagen und durchziehen.

2 Die Schlinge hochziehen und auf den Stab hängen. Am Ende der Reihe mit Luftmaschen bis zur Oberkante des Stabes gehen.

3 Die Schlinge der letzten Luftmasche hochziehen und auf den Stab hängen. In das hintere Maschenglied der letzten Luftmasche einstechen, den Faden umschlagen und durchziehen. *In die nächste Schlinge einstechen und 1 feste Masche arbeiten. Die Schlinge hochziehen und auf den Stab hängen. In das vordere Maschenglied der letzten festen Masche einstechen, den Faden umschlagen und durchziehen.* Am Ende der Reihe mit Luftmaschen bis zur Oberkante des Stabes gehen. Die 2. Reihe fortlaufend wiederholen.

Schlingenbildung durch Umwickeln des Stabes

1. Reihe: Diese Reihe kann üner den Luftmaschenanschlag, feste Maschen oder, wie auf unserer Darstellung, über Stäbchen gearbeitet werden.

1 Den Faden von vorne nach hinten um den Stab legen, den Faden umschlagen und durch die auf der Nadel liegende Schlinge ziehen.

2 Den Faden von vorne nach hinten um den Stab legen, in die nächste Masche der Vorreihe einstechen, den Faden umschlagen und durch die auf der Nadel liegende Schlinge ziehen.

3 Den Faden von vorne nach hinten um den Stab legen, in die nächste Masche einstechen, den Faden umschlagen und 1 Schlinge durchziehen.

2. Reihe: Feste Maschen arbeiten, dabei jerweils in 2 Schlingen einstechen.

4 Den Faden erneut um den Stab legen, umschlagen und durch die 2 auf der Nadel liegenden Schlingen ziehen. Die Arbeitsschritte 3 und 4 fortlaufend wiederholen, so daß auf jeder Masche der Grundreihe 2 Schlingen gebildet werden. Am Ende der Reihe mit Luftmaschen zur oberen Kante gehen.

Webhäkeln

Untergrund

Zunächst wird ein Maschengitter oder Maschennetz aus Stäbchen und Luftmaschen gearbeitet, das später durchwebt wird.

Stäbchengitter

Dieses Gitter hat gleichmäßige Löcher und kann sowohl waagerecht als auch senkrecht durchwebt werden.

Stäbchennetz

Hier werden Stäbchengruppen übereinander gearbeitet, die durch Luftmaschen getrennt sind. So ergeben sich immer senkrechte Ajourreihen. Die Anzahl der Stäbchen pro Gruppe kann variiert werden, so daß die Lochreihen mehr oder weniger dicht verlaufen.

Weben

In den Untergrund werden mit Hilfe einer Sticknadel Fäden eingezogen oder mit einer Häkelnadel Luftmaschenketten aufgehäkelt. Hübsche Muster ergeben sich durch den Einsatz von Effektgarnen, wie Bändchen oder Flauschgarne auf glattem Untergrund.

Stäbchengitter

Stäbchennetz

250

Weben mit der Sticknadel

Einfacher Webstich waagrecht
Die Nadel wird abwechselnd über und unter einem Stäbchen durch die Reihe geführt. Es kann mit einem oder mehreren Fäden gearbeitet werden.

Doppelter Webstich waagrecht
Die Nadel wird abwechselnd über und unter einem Stäbchen durch die Reihe geführt, in die gleiche Lochreihe noch einmal versetzt weben.

Einfacher Webstich senkrecht
Die Nadel wird abwechselnd über und unter eine Luftmasche zwischen den Stäbchen geführt. Es kann mit einem oder mehreren Fäden gearbeitet werden.

Doppelter Webstich senkrecht
Die Nadel wird abwechselnd über und unter eine Luftmasche zwischen den Stäbchen geführt, in die gleiche Ajourreihe noch einmal versetzt weben.

Einfacher Webstich waagrecht

Doppelter Webstich senkrecht

Flächenkaro
<u>Grund</u>: Stäbchengitter.
Farbfolge *4 Reihen grün, 4 Reihen beige*.
<u>Weben</u>: Mit der Sticknadel und doppeltem Faden wird im einfachen senkrechten Webstich gearbeitet.
Farbfolge *4 Reihen rost, 4 Reihen beige*.

Dreifarbiges Schottenmuster
<u>Grund</u>: Stäbchengitter.
Farbfolge *2 Reihen blau, 2 Reihen gelb, 2 Reihen flieder*.
<u>Weben</u>: Mit der Sticknadel und doppeltem Faden wird im einfachen senkrechten Webstich gearbeitet.
Farbfolge *2 Reihen blau, 2 Reihen gelb, 2 Reihen flieder*.

Zweifarbiges Schottenmuster

Grund: Stäbchengitter.

Farbfolge *2 Reihen violett, 2 Reihen blau*.

Weben: Mit der Sticknadel und doppeltem Faden wird im einfachen senkrechten Webstich gearbeitet.

Farbfolge *3 Reihen violett, 3 Reihen blau*.

Streifenmuster mit Linienraster

Grund: Stäbchennetz *6 Stäbchen, 1 Luftmasche, 1 Stäbchen, 1 Luftmasche, 1 Stäbchen, 1 Luftmasche*.

Farbfolge *3 Reihen blau, 3 Reihen beige*.

Weben: Mit der Sticknadel und doppeltem Faden werden die Ajourreihen durchwebt. Die Farbe Beige wird im doppelten senkrechten Webstich ausgeführt und die Farbe Gelb im einfachen senkrechten Webstich.

Farbfolge *1 Reihe beige, 1 Reihe gelb, 1 Reihe beige*.

Weben mit der Häkelnadel

Diese Art des Webens wird stets senkrecht von unten nach oben über einem Stäbchengitter oder Stäbchennetz ausgeführt. Mit der Häkelnadel werden über die Ajourreihen Luftmaschenket-

ten gehäkelt, wobei der Arbeitsfaden immer auf der Rückseite verläuft: die Häkelnadel von vorne nach hinten durch das Häkelgitter führen, den Faden umschlagen und durchziehen.

Über der nächsten Luftmasche einstechen, den Faden umschlagen und durch die auf der Nadel liegende Schlinge ziehen.

Kleines Karomuster
Grund: Stäbchengitter.
Farbfolge *1 Reihe blau, 1 Reihe gelb, 1 Reihe rot*.
Weben: mit der Häkelnadel.
Farbfolge *1 Reihe blau, 1 Reihe gelb, 1 Reihe rot*.

Streifenmuster mit Überkaro

<u>Grund:</u> Netz *8 Stäbchen beziehungs-
weise feste Maschen, 1 Luftmasche*.
Farbfolge *2 Reihen Stäbchen in Beige,
1 Reihe feste Maschen in Rot, 2 Reihen
Stäbchen in Beige, 2 Reihen Stäbchen
in Gelb, 1 Reihe feste Maschen in Rot,
2 Reihen Stäbchen in Gelb*.
<u>Weben:</u> Mit der Häkelnadel in der
Farbe Rot arbeiten.

Fadenkaro

<u>Grund:</u> Stäbchennetz *7 Stäbchen,
1 Luftmasche, 2 Stäbchen, 1 Luftmasche*.
Farbfolge *4 Reihen kupfer, 1 Reihe
gelb, 1 Reihe kupfer, 1 Reihe blau*.
<u>Weben:</u> Mit der Häkelnadel und dop-
peltem Faden arbeiten.
Farbfolge *1 Reihe gelb, 1 Reihe blau*.

Pikots

Als dezenter Abschluß vieler Häkelarbeiten dienen Pikots. Werden sie direkt angehäkelt, so wird jedes Pikot mit einer Kettmasche, festen Masche oder einem Stäbchen nach dem Übergehen einer entsprechenden Anzahl Maschen angehängt.

Kleine Pikots

Flache Pikots

Große Rundpikots

Spitzpikots

Diese einfachen Randbordüren werden als Abschluß direkt angehäkelt. Die Reihen werden stets von rechts nach links gearbeitet.

Bordüre mit Luftmaschenbogen

Kettmaschenbordüre

Wellenbordüre

Knopflochbordüre

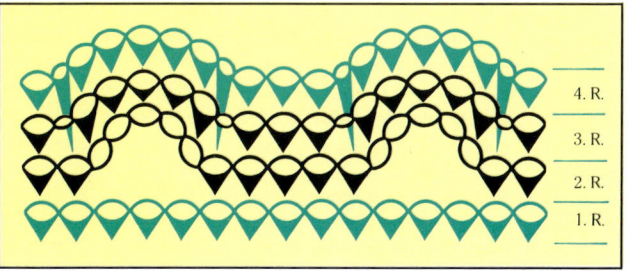

Die folgenden Randbordüren werden in der gewünschten Länge gehäkelt und festgenäht.

259

261

Als Abschluß an großen Teilen, wie Decken und Gardinen, eignen sich gehäkelte Fransen.

Luftmaschenfransen

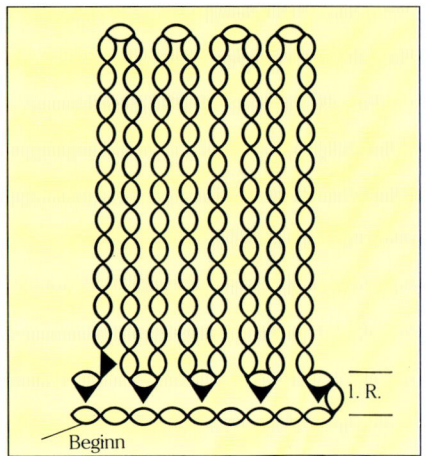

Fransen aus halben Stäbchen

Korkenzieherfransen, je Franse 17 Luftmaschen häkeln.

Perlen lassen sich auf verschieden Weise verarbeiten. In feste Maschen eingehäkelt, liegen sie immer etwas schräg, deshalb sollte man nur runde Perlen derart verarbeiten. Werden halbe Stäbchen gearbeitet, liegen die Perlen gerade. Vor dem Häkelbeginn werden alle benötigten Perlen auf den Arbeitsfaden gefädelt. Soll ein bestimmtes Muster entstehen, müssen die Perlen in der umgekehrten Reihenfolge, also vom Ende zum Beginn, aufgezogen werden. Beim Einhäkeln erscheinen die Perlen stets auf der Rückseite, deshalb werden sie in den Rückreihen eingearbeitet.

Perlen mit festen Maschen einhäkeln

1 Die Perle dicht an die Maschen heranschieben und die Nadel einstechen. Den Faden nach der Perle umschlagen und 1 Schlinge durchziehen.

2 Den Faden erneut umschlagen und durch die beiden auf der Nadel liegenden Schlingen ziehen. Die Perle liegt auf der Rückseite.

3 Hier wurden die Perlen versetzt mit 3 Maschen und 3 Reihen Abstand eingehäkelt.

Perlen mit halben Stäbchen einhäkeln

1 Die Perlen dicht an die Maschen heranschieben. Den Faden nach der Perle umschlagen und in die nächste Masche einstechen.

2 Den Faden umschlagen und 1 Schlinge durchziehen. Den Faden erneut umschlagen.

3 Alle 3 auf der Nadel liegenden Schlingen abmaschen. Die Perle liegt auf der Rückseite.

4 Hier wurde in jeder 2. Reihe bei jeder Masche 1 Perle eingehäkelt.

Behäkelte Zackenlitzen

Zackenlitzen gibt es in verschiedenen Qualitäten und Breiten. Natürlich sollen Häkelgarn und Litze miteinander harmonisieren und auf den Stoff abgestimmt werden, an den die Spitze genäht oder gehäkelt wird.

Alle gezeigten Spitzen wurden mit Glanzhäkelgarn Nr. 30 und Häkelnadel Nr. 1 gearbeitet. Die grobe Litze ist 20 mm breit und die feine 8 mm.

Der Effekt bei den folgenden Mustern entsteht durch das Zusammenfassen mehrerer Spitzen der Litze. Für eine feste Masche in die entsprechende Anzahl Spitzen einstechen und jeweils eine Schlinge holen, den Faden umschlagen und alle auf der Nadel liegenden Schlingen abmaschen. Für ein mehrfaches Stäbchen werden zunächst die erforderlichen Umschläge gemacht. Nun in die entsprechende Anzahl Spitzen einstechen und jeweils eine Schlinge holen. Den Faden umschlagen und diese Schlingen abmaschen. Das Stäbchen wie gewohnt fertighäkeln.

Die Symbolzeichnung zeigt die Rückseite des Musters.

265

Anschlag aus Häkelmaschen

Bei einem solchen Beginn der Häkelarbeit entfällt der Luftmaschenanschlag. Alle Maschen werden in das linke äußere Glied der letzten Masche gearbeitet. Der Vorteil dieses Anschlages liegt in der größeren Elastizität gegenüber einer Luftmaschenkette.

Anschlag aus Kettmaschen

Beginn 2 Luftmaschen, in die 1. Luftmasche einstechen. * Den Faden umschlagen und 1 Schlinge durchziehen. Den Faden erneut umschlagen und die 2 auf der Nadel liegenden Schlingen abmaschen. In das linke äußere Maschenglied einstechen. *

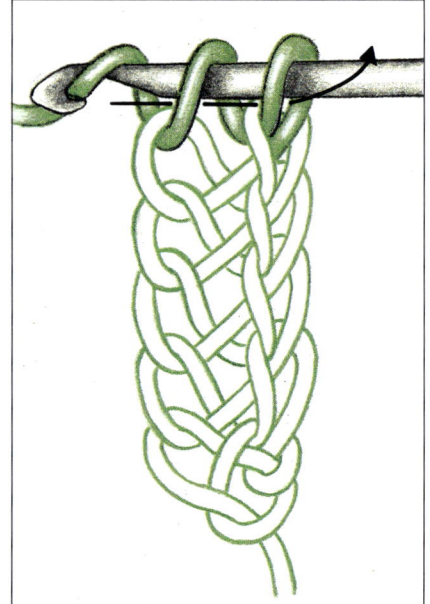

Anschlag aus festen Maschen

Beginn 2 Luftmaschen, in die 1. Luftmasche einstechen. *Den Faden umschlagen und 1 Schlinge durchziehen. Den Faden umschlagen und 1 Schlinge abmaschen. Faden erneut umschlagen und die 2 auf der Nadel liegenden Schlingen abmaschen. In das linke äußere Maschenglied einstechen.*

Anschlag aus halben Stäbchen

Beginn 3 Luftmaschen, 1 Umschlag, in die 1. Luftmasche einstechen. *Den Faden umschlagen und 1 Schlinge durchziehen. Den Faden umschlagen und 1 Schlinge abmaschen. Faden erneut umschlagen und die 3 auf der Nadel liegenden Schlingen abmaschen. 1 Umschlag, in das linke äußere Maschenglied einstechen.*

Anschlag aus Stäbchen

Beginn 4 Luftmaschen, 1 Umschlag, in die 1. Luftmasche einstechen. *Den Faden umschlagen und 1 Schlinge durchziehen. Den Faden erneut umschlagen und 1 Schlinge abmaschen. Die verbleibenden Schlingen 2mal paarweise abmaschen. 1 Umschlag, in das linke äußere Maschenglied einstechen.*

Bei Jacquardmustern sollte der Faden, mit dem nicht gearbeitet wird, auf der Rückseite über höchstens 3 Maschen mitgeführt werden. Bei längeren Strecken sollte man ihn stets einarbeiten. Das hat den Vorteil, daß sich die Handarbeit nicht zusammenzieht und die Rückseite sauber aussieht. So vermeidet man auch das Hängenbleiben an langen Fadenschlingen.

Arbeiten auf der Vorderseite

1 Vor dem Farbwechsel die letzten beiden Schlingen auf der Nadel lassen und den Faden hinter die Arbeit legen. Den Faden der 2. Farbe von hinten kommend umschlagen und die beiden Schlingen abmaschen.

2 Das Stäbchen in der 2. Farbe arbeiten, der Grundfaden hängt auf der Rückseite.

3 Vor dem nächsten Umschlag die Fäden verkreuzen.

4 Das Stäbchen wie gewohnt häkeln.

Arbeiten auf der Rückseite

1 Vor dem Farbwechsel die letzten beiden Schlingen auf der Nadel lassen und den Faden vor die Arbeit legen. Den Faden der 2. Farbe umschlagen und die 2 Schlingen abmaschen.

2 1 Umschlag, den Faden der Grundfarbe unter der Häkelnadel nach hinten führen.

3 In die nächste Masche einstechen, den Faden umschlagen und 1 Schlinge durchziehen. Den Faden der Grundfarbe vor die Arbeit legen.

4 Das Stäbchen wie gewohnt häkeln.

Waagerechtes Knopfloch

1 In der Hinreihe häkelt man statt der Mustermaschen einige Luftmaschen, entsprechend der Größe des Knopfloches.

2 In der Rückreihe wird um jede Luftmasche 1 Häkelmasche gearbeitet.

3 Fertiges Knopfloch.

Senkrechtes Knopfloch

1 An der gewünschten Knopflochstelle die Arbeit teilen und zunächst 1 Seite bis zum oberen Rand des Knopfloches häkeln.

2 Die 2. Seite häkeln und darauf achten, daß die Arbeit in der entsprechenden Richtung aufgenommen wird. Sind beide Seiten gleich hoch, wird wieder über die gesamte Breite gehäkelt.

3 Fertiges Knopfloch.

Tunesisches Knopfloch

1 In der Hinreihe werden entsprechend der Knopflochgröße einige Maschen übergangen und dafür die gleiche Anzahl Umschläge auf die Nadel genommen.

2 In der Rückreihe werden die Umschläge genau wie die Schlingen abgemascht. Aus den Abmaschgliedern über den Umschlägen werden in der nächsten Hinreihe Schlingen aufgenommen.

3 Fertiges Knopfloch.

Umhäkeln kann man alle Knöpfe, am besten eignen sich aber solche mit Öse auf der Rückseite zum Annähen. Kleine Kugelknöpfe sind auch selbst herzustellen, indem die Knopfhülle ganz fest mit Garnresten ausgestopft wird. Als Häkelgarn eignet sich sehr gut Perlgarn Nr. 8, da es dünn genug und in vielen Farben erhältlich ist. Die Häkelnadel sollte etwas dünner sein als angegeben, damit die Knopfhülle dicht und geschlossen ist.

Die meisten der abgebildeten Knöpfe sind mit festen Maschen umhäkelt, wobei auch die linke Seite als rechte genommen wurde. Bei Hüllen für größere Knöpfe kann man sehr gut mit Stäbchen beginnen und dann zu festen Maschen übergehen. Bei dem weißblauen und dem orange-braunen Knopf sind aus Luftmaschen Rüschen gehäkelt, ein goldener Knopf ist mit einem Gitter aus festen Maschen und Luftmaschen bezogen.

1 Man beginnt mit einem kleinen Luftmaschenring oder einem Fadenring. Mit festen Maschen oder Stäbchen in Runden häkeln, bis ein Kreis entsteht, der etwas kleiner als der Knopf ist. Noch einige Runden ohne Zunahmen arbeiten.

2 Den Knopf in die Hülle stecken und darauf achten, daß sie sehr eng um den Knopf liegt.

3 Noch ein Stück gerade hoch arbeiten und den Faden bis auf etwa 50 cm abschneiden. Den Faden in eine Nadel fädeln, durch die Maschen der letzten Runde ziehen und straff anziehen. Das Fadenende gut vernähen, aber nicht abschneiden. Damit kann der Knopf später angenäht werden.

4 Fertig umhäkelter Knopf.

Register